辽墓初探

冯恩学 著

上海古籍出版社

图书在版编目（CIP）数据

辽墓初探／冯恩学著. —上海：上海古籍出版社，
2023.12

ISBN 978-7-5732-0968-9

Ⅰ.①辽… Ⅱ.①冯… Ⅲ.①辽墓—研究—中国
Ⅳ.①K878.84

中国国家版本馆 CIP 数据核字(2023)第 229686 号

辽墓初探

冯恩学　著

上海古籍出版社出版发行

(上海市闵行区号景路 159 弄 1-5 号 A 座 5F　邮政编码 201101)

(1)网址：www.guji.com.cn

(2)E-mail：guji1@guji.com.cn

(3)易文网网址：www.ewen.co

上海盛通时代印刷有限公司印刷

开本 710×1000　1/16　印张 12.75　插页 7　字数 189,000

2023 年 12 月第 1 版　2023 年 12 月第 1 次印刷

ISBN 978-7-5732-0968-9

K·3517　定价：78.00 元

如有质量问题，请与承印公司联系

冯恩学

吉林大学考古学院教授，博士生导师。承担田野考古实习、田野考古学、宋元考古、西伯利亚考古教学与科研工作。2001 年获得国家级教学成果奖二等奖（第三名）。主编本科专业基础课教材《田野考古学》《宋辽金元考古》。在《考古》《文物》《北方文物》《民族研究》《中国边疆史地研究》等学术期刊发表论文 60 余篇。出版专著《俄国东西伯利亚与远东考古》。主编《巴东雷家坪》《奉节宝塔坪》《华瓷吉彩：黄骅市海丰镇遗址出土文物》《磁县双庙墓群考古发掘报告》等考古报告和图录。

目 录

前　言

　　唐代晚期，游牧于内蒙古草原东南部的契丹族崛起。唐亡，中央一统的稳定秩序被打乱，中国进入了五代十国的动荡时期。契丹族领袖耶律阿保机网罗汉人，乘机而起，建立了辽国。自阿保机公元 907 年称帝起，到公元 1125 年被女真人灭亡止，辽朝共历九帝二百一十九年。

　　辽国曾威震四方，创造了灿烂的文化，留下了丰富的遗存。辽代遗存主要有城址、墓葬、建筑与石窟，其中以墓葬资料内涵最为丰富，考古资料增加得也最快。所以，辽墓研究在辽代考古学研究中占有相当重要的位置。辽墓的发现与研究已历七十余春秋，取得了丰硕成果（详见第一章）。然辽墓的年代学、分期、分区、类型、等级等基础课题上仍存在诸多问题或研究很薄弱。本研究拟在广泛收集资料的基础上，对上述方面加以探讨。

　　辽墓，顾名思义，应指辽国境内的墓葬。我们对于辽墓的认识是从辽国的腹心地区即西辽河流域开始的，尔后扩及辽国南境，这些墓葬基本是辽国两个主体民族（契丹族和汉族）的墓葬，辽国在西、北、东三面的边远地带还有诸多的属国属部，对其文化遗存的认识尚十分有限，所能言者，唯近年才识出的生女真五国部的墓葬。这些墓葬面貌与以往认识的辽墓面貌有别，所以，研究者将其命为"辽代五国部文化"或称"辽代五国部墓葬"[1]，最

---

　　① 孙秀仁、干志耿：《论辽代五国部及其物质文化特征——辽代五国部文化类型的提出与研究》，《东北考古与历史》第一辑，文物出版社，1982 年。

近又有学者提出室韦部落墓葬线索①。随着资料的增加和研究的扩展，今后势必出现狭义辽墓和广义辽墓两种概念。前者不包括周边部落的墓葬，后者反之。本书研究对象取前者。

目前，已公布的辽墓资料有 200 多座，大多数墓遭到严重盗掘和破坏，使断代等研究更加困难。已公布的资料中，有的虽被定为辽墓，但从其特征分析，可能不是辽墓。如北京斋堂墓，发掘简报认为可能是辽天庆年间的②。但棺前档彩绘男子形象为典型元代蒙古人形象③，墓室壁画中女侍的衣饰也与元代壁画墓中女侍相同④，而与辽墓壁画中女侍不类，出土的蟠龙三足炉也是北方元墓中常见之物。所以，该墓应该是元代的。此外，还有一些墓葬的年代特征不明显，难以肯定一定是辽墓。综上，本书将纪年墓和辽代特点明确的墓葬作为研究的基本材料。

---

① 赵越：《论呼伦贝尔发现的室韦遗迹》，《内蒙古文物考古文集》第一辑，中国大百科全书出版社，1994 年。

② 北京市文物事业管理局、门头沟区文化办公室发掘小组：《北京市斋堂辽壁画墓发掘简报》，《文物》1980 年第 7 期。

③ 周锡保：《中国古代服饰史》第十二章《元代服饰》，中国戏剧出版社，1984 年。

④ 辽宁省博物馆等：《凌源富家屯元墓》，《文物》1985 年第 6 期。

第一章

辽墓发现与研究简史

本研究是在前人研究的基础上进行的。因此，有必要对辽墓的发现与研究作全面的回顾。

一、1949 年以前辽墓的发现与研究

（一）1914—1931 年"九一八"事变

1913 年，林西县知事王士仁发现林东白塔子的庆陵碑石，知为辽代圣宗皇陵，遂于 1914 年盗掘①。在内蒙古东部传教的法国神父闵宣化（Jos. Mullie，或音译为牟里）在调查辽上京、中京、庆州、怀州等城址时，于 1920 年调查了庆陵，并探寻怀陵，1922 年在《通报》上发表了《东蒙古辽代旧城探考记》，论证了庆陵和怀陵的地理位置，引起学术界的广泛关注②。他对庆陵之所在的论证是正确的，但他所认定的怀陵是错误的。另一个法国传教士凯文（R. P. L. Kervyn）于 1922 年挖掘庆陵中的一座，发现兴宗和仁懿皇后的哀册。他在北京出版的《天主教会公报》第 118 期上发表的《辽道宗陵墓与首批被发现的契丹碑文》中予以刊布。伯希和（P. Pelliot）在《通报》上对此作了介绍。契丹文字哀册的发现引起国际上东方学学者们的"震惊"③。

1930 年夏，当时热河省主席汤玉麟之子汤佐荣令一团士兵对庆陵的东陵和西陵进行大规模盗掘。东陵内发现了圣宗、仁德皇后、钦哀皇后的汉文哀册和契丹文哀册，西陵则出土了道宗、宣懿皇后的汉文哀册和契丹文哀册。汤佐荣用牛车把这些珍贵的哀册和其他随葬品偷运到承德。中陵因地下水深而没有被盗。同年 10 月，日本人鸟居龙藏到庆陵调查，由于汤佐荣盗掘后并未回填墓口，鸟居龙藏得以进入墓内。虽然随葬品已荡然无存，但东

---

① 田村实造：《庆陵的壁画》（日文），第一章《庆陵发现与调查经过》，同朋舍，1977 年。

② 闵宣化著，冯承钧译：《东蒙古辽代旧城探考记》，中华书局，1956 年。

③ 田村实造：《庆陵的壁画》（日文），第一章《庆陵发现与调查经过》，同朋舍，1977 年。

陵内的精美壁画仍在，人物图像有契丹文榜题，鸟居龙藏拍摄了这些壁画，并在 1931 年的《国华》杂志上发表了部分照片，还介绍了庆陵出土的汉文和契丹文哀册碑石，从而引起日本学术界的"异常关心"和其他各国学者的重视①。1936 年，冯家昇在《燕京学报》第 19 期上发表的《日人在东北的考古》中评论道："辽之国书传于今世的已经很少，而他却从陵壁上发现了几个辽人的真笔字。这比汤佐荣运走的契丹文石刻还要宝贵，可惜他是不懂得！契丹人画像向来没法子知道，只有明代人作的《三才图会》里有黑契丹牧羊的一个像；而鸟居氏却从陵壁上发现了许多，这更是可宝贵！"1936 年，鸟居龙藏发表了四大本的《考古学上所见之辽文化图谱》，其中刊布了庆陵壁画照片②。

1931 年日本东亚考古学会派遣的内蒙古调查团也到达庆陵，因很快就爆发了"九一八"事变，仅对庆陵的东陵作了简单测量和概略勘查。

除庆陵之外，阜新车新村的大康元年（1075 年）萧德温墓，为 1925 年前后发现，墓内有壁画，出土了墓志铭和瓷器等物③。1930 年 4 月奉天（今沈阳）发现开泰七年（1018 年）孙允中墓，出土雕四神带题记的石棺、男女石俑，都送交当时的东三省博物馆保存。金毓黻把该资料发表在同年出版的《东北丛刊》第 7 期上④。在辽阳、鞍山等地也发现了辽代墓葬⑤。

我国学者的研究兴趣当时偏重辽墓出土的志石铭文。如 1926 年喀喇沁旗东旗山出土了彭城郡王刘公墓志，次年就在《国立历史博物馆丛刊》上发表了志铭，1930 年《燕京学报》又加以介绍，同年的《东北丛刊》第 12 期

---

① 田村实造等：《庆陵》（日文），京都大学文学部、东京座右宝刊行会，1952—1953 年，第 10 页。

② 鸟居龙藏：《考古学上所见之辽文化图谱》（日文），东方文化学院东京研究所，1936 年。

③ 李文信：《辽瓷简述》，《文物参考资料》1958 年第 2 期，第 11 页；辽宁省博物馆编：《辽宁史迹资料》（内部发行），1962 年，第 97、98 页。

④ 金毓黻：《辽金旧墓记》，《东北丛刊》1930 年第 7 期。

⑤ 梅本俊次：《辽代古墓发掘及出土文物》（日文），《满蒙》第 11 卷第 5、6 期，1930 年。

又刊载了讨论文章①。

（二）1931 年"九一八"事变以后

1931 年"九一八"事变后，东北沦为日本的殖民地，战火逐步蔓延至关内。东北、内蒙古辽代考古的调查发掘，由日本人或日本操纵的"伪满"学术团体所包揽，田野工作较以前增多。

1933 年 8 月，鸟居龙藏带领妻子鸟居君子、儿子龙次郎、女儿绿子到辽中京、上京一带进行考古和人类学调查，于 10 月间再次调查庆陵。1934 年日本人关野贞也到庆陵调查②。1935 年日满文化协会组织人员对庆陵进行调查和发掘，对东陵的壁画作了系统的照相和临摹。为编写《庆陵》报告，在 1939 年又派田村实造等人到庆陵复查，重新掘开东陵进行实测、校核③。

除庆陵的工作外，还调查发掘了辽宁和内蒙古东南部的一些墓葬，较重要的有 1938 年发现的辽阳石嘴子壁画墓④、1939 年发掘的巴林左旗四方城辽墓⑤、1942 年发掘的鞍山峦峰辽代画像石墓⑥、1943 年发掘的林东镇西塔辽代晚期墓葬⑦。1944 年 5—7 月，和岛诚一、大内健、李文信、孔令嗣四人组成的调查队在巴林左旗对辽代遗存进行广泛踏查，调查发掘了一批辽墓，其中李文信发掘的乌尔吉村辽墓较重要⑧。

李文信是我国学者中最先参加辽墓调查和发掘的，当时多数涉足辽墓研

① 国立历史博物馆：《辽彭城郡王刘公墓志铭并跋》，《国立历史博物馆丛刊》第 1 卷第 3 期，1927 年；奉宽：《"辽彭城郡王刘继文墓志"跋》，《燕京学报》第 7 期，1930 年；舒天民：《评辽彭城郡王刘继文墓志铭》，《东北丛刊》第 12 期，1930 年。

② 田村实造：《庆陵的壁画》（日文），第一章《庆陵发现与调查经过》，同朋舍，1977 年；田村实造等：《庆陵》（日文），京都大学文学部、东京座右宝刊行会，1952—1953 年，第 10 页。

③ 田村实造：《庆陵的壁画》（日文），第一章《庆陵发现与调查经过》，同朋舍，1977 年。

④ 高桥匡四郎：《辽阳发现的辽代古墓壁画》（日文），《满洲史学》第 1 卷第 1 号，1938 年。

⑤ 岛田正郎：《辽墓》（日文），《考古学杂志》第 39 卷第 3 号，1954 年；李文信：《辽瓷简述》，《文物参考资料》1958 年第 2 期。

⑥ 鸟居龙藏：《辽代画像石墓》（英文），哈佛燕京学社，北京，1942 年。

⑦ 岛田正郎：《辽墓》（日文），《考古学杂志》第 39 卷第 3 号，1954 年。

⑧ 岛田正郎：《辽墓》（日文），《考古学杂志》第 39 卷第 3 号，1954 年。

究的中国学者，兴趣仍集中于墓志铭。1934 年，"伪满"的奉天图书馆编纂了《辽陵石刻集录》。罗福颐所著《满洲金石志》《满洲金石志别录》中校录了一些出土的辽代墓志铭。对契丹文字的释读也开始起步①。王静如、罗福成、厉鼎煃用比较法终于破译了契丹小字道宗哀册的题目，辨识出字义为年、月、日、干支、数目和年号的契丹小字，释读出"呜呼哀哉""诞日"等常用语。

　　日本学者在本阶段偏重田野工作，注重资料的搜集。室内工作的重点在资料的整理和刊布。如鸟居龙藏在 1936 年出版《考古学上所见之辽文化图谱》后，1942 年又有《辽代画像石墓》问世。《庆陵》报告的编写也在1944 年完成。这些书中对壁画和画像石的内容作了考释，并已开始用考古发现的实物资料来研究辽文化和契丹文化②。此外，也开展了某些关于辽墓遗存的专题研究③。

二、1949 年以后辽墓的发现与研究

　　1949 年后，政府迅速组建了文物管理机构和从事考古田野工作的专业队伍，辽墓的保护、发掘和研究出现了崭新的局面。中国学者成为辽墓发掘和研究的主力军，取得了一系列令人瞩目的成果。

　　（一）1949—1964 年

　　在这一阶段中，辽墓的发现已不再限于辽宁和内蒙古东南部，北京、山西等地相继均有发现，清理和发掘的数量日益增多。其中最重要的当推赤峰大营子村的驸马墓。该墓 1953 年被雨水冲出，村民取出随葬品若干，当地政府闻讯，即将该墓暂时查封妥善保护。经原热河省博物馆筹备组先后两次

---

　　① 卞鸿儒：《热河林东契丹国书墓志跋》，《东北丛刊》第 14 期，1931 年；厉鼎煃：《契丹国书略说》，1934 年；王静如：《辽道宗及宣懿皇后契丹国字哀册初释》，《历史语言研究所集刊》第 3 卷第 4 期，1933 年；罗福成：《辽陵石刻集录》卷四释文，1934 年；罗福颐：《契丹国书管窥》，《燕京学报》第 37 期，1949 年。

　　② 鸟居龙藏：《从考古学上看契丹的文化》（日文），《东方学报》1936 年第 6 期。

　　③ 小山富士夫：《世界陶瓷全集·宋辽篇》（日文），河出书房，1955 年；岛田贞彦：《论"满洲国"出土的鸡冠壶》（日文），《考古学》第 8 卷第 1 期，1937 年。

调查，确定是应历九年（959 年）"故驸马赠卫国王墓"。1954 年 10 月正式
发掘，获随葬品 2 000 余件。随葬品如此丰富的大墓，在发现后能妥善保护
并得到科学发掘，这和庆陵的遭遇形成鲜明对比。其他辽墓的重要发现有：
1949 年发现、1950 年发掘的辽宁义县清河门辽代萧慎微家族墓；1956 年发
现并发掘的辽宁新民巴图营子辽墓；1957 年清理的辽阳金厂画像石墓；
1958 年发现的锦西大卧铺画像石墓和西孤山萧孝忠墓；1958 年发现的北京
百万庄壁画墓；1960 年清理的北京南郊赵德钧墓；1964 年清理的开泰六年
（1017 年）韩相墓；1954—1962 年在大同郊区的卧虎湾、十里铺、新添堡相
继发现的壁画墓。

应历八年（958 年）赵德钧墓和应历九年（959 年）驸马墓的发现，把
纪年辽墓推前到穆宗时期。保存较好的驸马墓成为后来确定早期辽墓的标准
墓。重熙时的清河门 M1 和清宁三年（1057 年）清河门 M2 出土的瓷器组
合，为后来确定兴宗—道宗初年的辽墓提供了可靠标准。大安五年（1089
年）的萧孝忠墓和出土器物较多的巴图营子墓是后来判定晚期辽墓的重要参
考依据。萧孝忠墓出土的契丹大字墓志尤为珍贵。

这一时期的室内研究仍以墓志研究居多[①]。李文信于 1958 年发表的《辽
瓷简述》一文[②]，对后来辽墓考古影响较大。他以年代明确的考古发掘品为
标准，从工艺学和陶瓷鉴赏角度，综合研究了传世辽瓷，概括出辽瓷的窑系
特点、造型特点、装饰特点，以及辽三彩的特点，"开创了综合研究辽陶瓷
器的先例"[③]。他也是"最早将鸡冠壶做较有见地系统研究"的学者[④]。在该

[①] 这方面的文章较多，现举对驸马墓墓志的讨论文目，可见一斑。金毓黻：《辽国驸马赠
卫国王墓志铭考证》，《考古学报》1956 年第 3 期；张平一、李廷俭：《对〈辽国驸马赠卫国王
墓志铭考证〉一文的几点商榷》，《文物参考资料》1957 年第 6 期；金毓黻：《看了张平一、李
廷俭二同志文章后的意见》，《文物参考资料》1957 年第 6 期；罗继祖：《〈辽国驸马赠卫国王
志铭考证〉商榷》，《吉林大学社会科学学报》1963 年第 1 期。

[②] 李文信：《辽瓷简述》，《文物参考资料》1958 年第 2 期。

[③] 杨晶、乔梁：《辽陶瓷器的分期研究》，《青果集——吉林大学考古专业成立二十周年考
古论文集》，知识出版社，1993 年，第 382 页。

[④] 李宇峰：《辽代鸡冠壶初步研究》，《辽海文物学刊》1989 年第 1 期。

文中，他把鸡冠壶分为扁身单孔、扁身双孔、扁身环梁、圆身环梁、矮身横梁五种形式，并指出扁身单孔式可能是早期形式之一，为后来对鸡冠壶的类型学研究奠定了基础。在 1962 年出版的《辽宁省博物馆藏辽瓷选集》的编后记中，他进一步注意到辽瓷的分期问题，提出驸马墓、砵碡科墓为早期，萧孝忠墓和巴图营子墓为晚期，张家营子墓为过渡期。1960 年王增新和雁羽分别在辽阳金厂墓和锦西大卧铺墓的报告中，正确地解释了画像石上的二十四孝故事图和宴饮图，比以前日本人对辽墓画像石内容牵强附会的解释前进了一大步。

日本于 1952—1953 年出版了两卷本的《庆陵》研究报告，1954 年岛田正郎在《考古学杂志》上发表《辽墓》一文，主要介绍了 1943—1944 年日本人在赤峰地区调查发掘的辽墓[①]。

（二）1965—1971 年

这一时期内，辽墓发现得很少，只有些零星的清理。如 1970 年北京清理了因施工发现的重熙二十二年（1053 年）王泽墓、海王村墓，1971 年清理了西城区锦什坊街墓等。上述各墓的资料至 1972 年才发表。

（三）1972—1978 年

1972 年起，考古工作逐渐恢复。在这一时期内发掘的辽墓中，有 5 座最为重要。

1972 年吉林省博物馆发掘了库伦旗奈林稿乡前勿力布格村的一号墓，墓道两壁发现了罕见的大型出行图和归来图。1974 年春辽宁省博物馆发掘了法库县叶茂台七号墓，这是首次发掘到保存完整的辽代契丹墓，发现了结构复杂的棺床小帐、雕刻精美的大石棺、世所罕见的两轴辽画、尚未腐朽的丝织品等。墓内壁画也保存了不少。此外还出土了一批陶瓷器。1974 年冬河北省博物馆等发掘了张家口市宣化区下八里村张世卿墓，不但出土了许多珍贵遗物，还发现了保存完好的精美壁画，包括墓顶的中外合璧的彩绘星图。朝阳地区博物馆于 1975 年、1976—1977 年发掘了朝阳市姑营子的耿知

---

① 岛田正郎：《辽墓》（日文），《考古学杂志》第 39 卷第 3 号，1954 年。

新墓和耿延毅墓，出土了一批圣宗后期的标准器物，也发现有壁画。此外，1976年苏赫和韩仁信在床金沟发现了怀陵，纠正了《辽史》对怀陵方位记载之误。朝阳前窗户墓出土了一批与韩相墓、耿氏父子墓相似的陶瓷器，为分辨圣宗开泰—太平时期墓葬奠定了基础。

这一时期室内研究的领域扩大，除墓志和陶瓷器外，对其他遗存也开展了专题研究。如冯永谦在《叶茂台辽墓出土的陶瓷器》① 一文中探讨了"官"字款瓷器的时代和窑口，认为大部分是五代产品，论证了官窑的存在；这比以前认为凡有"官"字款瓷器均为辽瓷或均为定瓷的看法前进了一步。该文还首次注意到鸡冠壶应分型研究演化规律，提出双孔由单孔演变来的新看法。曹汛在《叶茂台辽墓中的棺床小帐》② 一文中探讨了小帐建筑制度和丧葬制度。杨仁恺对叶茂台墓的两轴辽画作了专文探讨③。郑绍宗执笔的《辽代彩绘星图是我国天文史上的重要发现》④、夏鼐的《从宣化辽墓的星图论二十八宿和黄道十二宫》⑤ 都对张世卿墓的彩绘星图作了探讨。契丹小字的释读取得突破性发展⑥。

1977年日本田村实造发表了《庆陵的壁画》专著，这是《庆陵的壁画》《辽的雕饰》《辽的陶瓷》三篇的合集，第一篇详细探讨了庆陵壁画的内容和绘制艺术⑦。1978年长谷川道隆发表《辽代鸡冠壶式样的演变——以辽墓出土资料为中心》⑧。文中基本沿用了李文信对鸡冠壶的分式结果，但把李

① 冯永谦：《叶茂台辽墓出土的陶瓷器》，《文物》1975年第12期。
② 曹汛：《叶茂台辽墓中的棺床小帐》，《文物》1975年第12期。
③ 杨仁恺：《叶茂台辽墓出土古画的时代及其它》，《文物》1975年第12期。
④ 河北省文物管理处等：《辽代彩绘星图是我国天文史上的重要发现》，《文物》1975年第8期。
⑤ 夏鼐：《从宣化辽墓的星图论二十八宿和黄道十二宫》，《考古学报》1976年第2期。
⑥ 清格尔泰、刘凤翥等：《契丹小字解读新探》，《考古学报》1978年第3期。
⑦ 田村实造：《庆陵的壁画》（日文），第一章《庆陵发现与调查经过》，同朋舍，1977年。
⑧ 长谷川道隆：《辽代鸡冠壶式样的演变——以辽墓出土资料为中心》，《古代文化》第238期，1978年。

文信的 V 式"矮身横梁式"调整到 I 式之后，并吸收了若干新的发掘资料。

贾洲杰在 1978 年发表了《契丹丧葬制度研究》[①]，初步总结了辽墓中的契丹葬俗。它标志着由以往辽墓出土物的专项研究转入辽墓本身制度研究的新阶段。

（四）1979—1994 年

1979 年以后辽墓的考古学研究迅速进入繁荣时期，其原因是多方面的。首先是我国考古工作者已经积累了大量的经科学发掘的资料，为综合研究奠定了坚实基础。1979 年中国考古学会成立后，各省相继成立考古学会，地区性的、全国性的、国际性的学术研讨会日益频繁，各地纷纷创办考古刊物，大大加快了新资料的公开与刊布，促进了学术研究的交流。

这一时期发现的众多辽墓中，有四个重大发现。1981 年乌兰察布盟文物工作站在察哈尔右翼前旗豪欠营村的湾子山清理了 6 号辽墓，出土了保存较好的契丹女尸，并有保存完好的铜丝网络面具和珍贵的丝织品。奈曼旗的陈国公主墓是 1986 年发现并发掘的，该墓未经盗掘，出土了 3 227 件随葬品，公主和驸马华丽的穿戴和众多的装饰均保持原位，非常难得。前室、墓道均保留下精美的壁画。阿鲁科尔沁旗的耶律羽之墓是 1992 年发掘的，耶律羽之曾任东丹国左相，死于会同四年（941 年）。墓室装饰不同寻常，不但有精美壁画，后室还用琉璃砖装修，出土了大批珍贵的遗物。1994 年在阿鲁科尔沁旗宝山发掘了两座辽初的墓葬，一号墓为天赞二年（923 年）下葬，是首次发现的辽初纪年墓。墓主名勤德，死时年仅 14 岁。两墓结构特殊，壁画内容丰富而别开生面，有很高的历史价值。该墓地还发现带有瓮城的城垣，颇为难得。其他重要的发现还有北京的韩佚墓、河北的下八里韩师训墓和张氏家族墓、辽宁的海力板墓、南皂力营子 M1。山西大同发现了辽代早期的大同军节度使许从赟墓。

1981 年项春松发表了《昭盟地区的辽代墓葬——兼谈辽墓分期及其随

---

① 贾洲杰：《契丹丧葬制度研究》，《内蒙古大学学报》1978 年第 2 期。

葬器物的断代问题》①。这是第一篇讨论辽墓分期的文章。文中借用文献历史学把辽代墓葬分为早、中、晚三期。"辽代中期的划分，一般可从辽圣宗'澶渊之盟'以后到辽道宗前期，大约七十余年，这是辽国历史上的极盛时代"。他根据《契丹国志》载契丹人死后先树葬再火化，认为建国前契丹人无墓，建国初逐渐受汉人影响才出现墓。他设想早期墓是单室的，以圆形为主，还有多种平面形状。中期渐趋统一，大多为多面形（即多角形），出现多室墓，墓壁出现仿木构建筑和表现生活用具的浮雕装饰。晚期多室墓大量出现，结构复杂，但浮雕装饰逐渐淘汰。他所依据的资料全是昭盟配合农田基本建设清理、调查的辽墓，绝大部分资料未发表，诸墓的断代根据也未作交代，有的结论明显与以往发现不符（如赤峰大营子驸马墓是年代明确的早期辽墓，已是多室墓），颇难令人信服。该文第二部分"随葬器物及其断代"也存在同样的问题，如说中期常见的陶器是瓜棱形罐，辽三彩从早期到晚期普遍使用，铜面具、铜丝网罩、铜靴垫出于早中期契丹贵族墓，均与已公布的辽墓资料相左。

　　1982年王秋华发表了《辽代墓葬分区与分期的初探》②。该文把"三大考古杂志"上已发表的辽墓分为南（主要是燕云地区）、北两区，从墓的形制、鸡冠壶、长颈瓶、盘口长颈注壶、墓壁和棺壁的装饰等方面的变化进行分期。北区分为三期：一期为景宗以前，以方形墓为主，流行单孔和双孔鸡冠壶、曲喙衔珠的塑凤首瓶、盘口长颈瓶、直流无把手的盘口注壶，墓壁装饰在墓门外、耳室、甬道。二期为圣宗—兴宗时期，是圆形墓盛行时期，流行提梁鸡冠壶、喇叭口长颈瓶，墓壁装饰少见，为仿木构建筑。三期为道宗—天祚帝时期，以多角墓为主，长方形墓少，圆形墓仍见。鸡冠壶变高，流行杯口或卷唇喇叭口长颈瓶、竹节颈简化凤首瓶。南区分为两期：一期为穆宗以前—兴宗时期，圆形大墓为主，墓壁装饰在墓门外、耳室、甬道（人物

　　①　项春松：《昭盟地区的辽代墓葬——兼谈辽墓分期及其随葬器物的断代问题》，《内蒙古文物考古》创刊号，1981年。

　　②　王秋华：《辽代墓葬分区与分期的初探》，《辽宁大学学报》1982年第3期。

像），墓室内有仿木构建筑。二期为道宗—天祚帝时期，圆形小墓占绝大多数，新出现多角墓。这是辽墓分区分期研究中较早而有见地的论文。但是，该文对遗物选类过少，每类分析也欠细致，如最富变化的鸡冠壶，仅凭 5 件分为两式，这不能不影响到无纪年墓的分期归属，加之研究材料仅局限于当时"三大考古杂志"所刊，故对各期特征的总结不免有片面失实之处。例如该文结语认为初期中下层契丹人仍保持"死不墓"的习惯，只有少数贵族接受汉人影响而采用方形墓。兴宗时期是辽朝全盛时期，契丹人把自己的营帐形制大量用于墓葬，因而圆形墓流行，这显然与事实有较大出入。

同年出版的《辽宁省考古、博物馆学会成立大会会刊》上发表了梁淑琴的《辽代鸡冠壶的类型、编年及演变》、姜念思的《辽墓壁画初探》、徐秉琨的《契丹冠式和北方民族的金冠传统》[①]，梁淑琴在李文信把鸡冠壶分五式的基础上，又增加了扁身圆环梁式，也讨论了各式之间的关系，认为不是单线发展的一个序列。姜念思首次对辽墓壁画就分布、题材内容、所反映的社会生活等方面作了概要的分析。

同年发表的还有景爱的《辽金时代的火葬墓》[②]。他认为辽金时代的火葬首先是在契丹人、女真人中出现，而后影响到汉人。契丹公元 6 世纪已流行火葬，辽代火葬墓在圣宗之后盛行，主要是受佛教的影响。

1983 年马洪路发表了《契丹葬俗中的铜丝网衣及其有关问题》[③]，认为铜丝网络是下嫁萧家的皇室女子用以覆尸的特殊衣饰。李逸友发表了《契丹的髡发习俗——从豪欠营辽墓契丹女尸的发式谈起》[④]，就女尸保存的发式讨论了契丹女子髡发的特点及历史渊源。

1984 年《新中国的考古发现和研究》出版[⑤]。徐苹芳先生在该书中对

①　《辽宁省考古、博物馆学会成立大会会刊》，沈阳，1982 年。

②　景爱：《辽金时代的火葬墓》，《东北考古与历史》第一辑，文物出版社，1982 年。

③　马洪路：《契丹葬俗中的铜丝网衣及其有关问题》，《考古》1983 年第 3 期。

④　李逸友：《契丹的髡发习俗——从豪欠营辽墓契丹女尸的发式谈起》，《文物》1983 年第 9 期。

⑤　中国社会科学院考古研究所编：《新中国的考古发现和研究》，文物出版社，1984 年，第 602—604 页。

1949 年以来发掘的辽墓作了非常简明而扼要的总结。他首先把辽墓分为"契丹贵族的墓葬"和"汉族官吏或地主的墓葬"两大类，分析这两类墓在地域分布上的不同。在用五个自然段概述契丹贵族墓的发现时，实际上是分"最早的""重熙以前""重熙时期""清宁以后""大安以后"五期概括了各期契丹墓的考古学特征。在概述汉人墓时不但点出不同时期的特征差异，而且比较了它们和契丹墓的异同。对辽墓的分类、分区、分期研究均有很大的启示。

同年，张柏忠发表了《契丹早期文化探索》[①]，论证了哲盟乌斯吐、荷叶哈达、秦家沟、呼斯淖和辽阳三道壕诸墓为辽建国以前的契丹墓。其中三道壕墓可早到北齐隋初，其余为唐代契丹墓，并提出了契丹早期文化直接继承当地属鲜卑遗存的"舍根文化"这样一种观点。该文在 1983 年举行的契丹考古工作会议上曾引起强烈反响，后来在田野工作中和资料刊布方面都对"早期契丹墓"重视起来。

1985 年杨晶发表了《辽墓初探》论文，把辽墓研究引向深入[②]。该文分四部分：第一部分以陶瓷器的类型学研究为基础。把辽墓分为早（乾亨以前）、中（统和初—重熙末）、晚三期。首次把鸡腿坛列为分期标准器，并把鸡冠壶改分为三型，即单孔型、双孔型、提梁型，受梁淑琴影响认为提梁型是由单孔型发展而来。第二部分把辽墓形制分为两类、五型、四个等级，并认为晚期不按等级埋葬。对辽墓分等级考察是该文又一贡献。对各期墓葬形制变化的总结也与王秋华不同，认为早期多见多室方形、多室圆形墓，单室圆形、单室方形墓多见于中期，晚期则流行多角形墓、方形小墓和圆形小墓。第三部分阐述了墓内壁画装饰在各期的变化。第四部分探讨葬俗的变化：尸骨葬为主流；家族丛葬多属早期，是契丹原始葬俗的影响；辽早期的双井沟火葬墓是契丹原始葬俗的遗留，中期在居官的汉人墓中出现受佛教影响的火葬，晚期在汉人墓中进一步流行，不限等级（后来在《辽代火葬墓》

---

① 张柏忠：《契丹早期文化探索》，《考古》1984 年第 2 期。
② 杨晶：《辽墓初探》，《北方文物》1985 年第 4 期。

一文中她又详细阐述了这些观点①），但该文未能分民族考察各期辽墓各方面特征的变化。

同年，《契丹女尸——豪欠营辽墓清理与研究》出版②，这是我国出版的第一本辽墓研究报告。特别是对六号墓女尸和三号墓男性颅骨的人类学测量和研究、容貌复原（M3 骨），开辟了探索契丹人体质特点和民族源流的新途径。杜承武在书中提出网络、面具是萨满之法器，而面具又和涂金面的"佛妆"有关的看法。

1986 年出版的《中国大百科全书·考古学》中，徐苹芳明确地把辽墓分为早、中、晚三期，中期为兴宗重熙时期，每期分别总结契丹墓与汉人墓的特点；还指出辽墓有不同的地方特点，如鞍山、辽阳、锦西用画像石，山西壁画中的"开芳宴"主人不出场。这一思想，他早已在 1983 年契丹考古工作会议发言中谈到过③。

1987 年李逸友发表了《辽代带式考实》，孙机发表了《一枚辽代刺鹅锥》④，都是很有深度的考证辽墓随葬品的论文。

1989 年李宇峰发表了《辽代鸡冠壶初步研究》⑤。他首次把鸡冠壶分为穿孔和提梁两大序列，指出两者各有自己的渊源和演变规律，使鸡冠壶的研究进入一个新阶段。该文还提出了矮身提梁式年代略早于单孔扁身式的见解。

在该年出版的《中国美术全集·绘画编》⑥ 中，李红分别总结了契丹贵族墓和汉族官吏地主墓的壁画题材、内容特点，并把契丹贵族墓的壁画分为三期，早、中期以澶渊之盟为分界，晚期始于道宗朝。

----

① 杨晶：《辽代火葬墓》，《辽金史论集》第三辑，书目文献出版社，1987 年。

② 乌盟文物工作站等：《契丹女尸——豪欠营辽墓清理与研究》，内蒙古人民出版社，1985 年。

③ 《中国大百科全书·考古学》，中国大百科全书出版社，1986 年，第 274—276 页；《契丹考古学术会议纪要》，《内蒙古文物考古》第 3 期，1984 年。

④ 李逸友《辽代带式考实》和孙机《一枚辽代刺鹅锥》均载《文物》1987 年第 11 期。

⑤ 李宇峰：《辽代鸡冠壶初步研究》，《辽海文物学刊》1989 年第 1 期。

⑥ 李红：《宋辽金元时期的墓室壁画》，《中国美术全集·绘画编·墓室壁画》，文物出版社，1989 年，第 39—44 页。

同年，王健群、陈相伟主编的《库伦辽代壁画墓》报告出版。结语部分对壁画内容作了较详细的考释，并对其中反映的契丹人和汉人的关系作了讨论①。

李逸友先生在 1990 年和 1991 年发表了《略论辽代契丹与汉人墓葬的特征和分期》和《辽代契丹人墓葬制度概说》两篇论文②。在第一篇论文中，他详论了区别契丹墓和汉人墓的一系列特征。契丹墓的特点是：1. 节度使以上有两个主室；2. 东南向；3. 主室用柏木做椁室或护墙板；4. 后部砌尸床；5. 头东足西。又提出：凡用网络、面具的是契丹贵族墓；随葬辽瓷的一般均可定为契丹贵族墓；只要壁画中有与庆陵壁画相同的契丹人物像，均可推断为契丹贵族墓。汉人墓的特点是：1. 南向；2. 没有木料安装护墙板或椁室；3. 火葬；4. 小棺小匣，内放骨灰；5. 随葬品只有少数实用器，自中期起用陶明器，不见马具和三彩、釉陶；6. 墓内壁画人物基本是汉装的汉人形象。该文把契丹墓和汉人墓都分为三期，中期是圣宗、兴宗时期。该文总结契丹墓的主要变化是：1. 墓制方面，晚期出现六角形、八角形墓。2. 葬具方面，圣宗以后使用石棺、网络、面具。3. 随葬品方面，早期厚葬实器，包括金银器。圣宗时开始禁止，出现葬仪用的服饰、马具。重熙十一年（1042 年）以后完全禁止，代之以三彩器、鎏金铜器。鸡冠壶和长颈瓶各期均有自己的形式。晚期马具简化，青瓷消失。汉人墓的变化有规律的是陶明器，中期的器形大，晚期的器形小。汉人墓也是高级官员有二至三个主室，节度使以下都是单室墓。

在第二篇论文中，他首次全面阐述了契丹墓的墓制（墓地、墓形、墓向、椁室、壁画、墓志、坟垄、墓园、墓仪）和葬制（葬尸、葬具和葬式、葬服、殉人和俑、随葬物、葬仪）的特点，并论述了辽代的契丹墓是继承本民族传统，又创造性地吸收了唐宋墓葬制度形成的。李先生的这两篇力作，

① 王健群、陈相伟：《库伦辽代壁画墓》，文物出版社，1989 年。
② 李逸友：《略论辽代契丹与汉人墓葬的特征和分期》，《中国考古学会第六次年会论文集》，文物出版社，1990 年；李逸友：《辽代契丹人墓葬制度概说》，《内蒙古东部区考古学文化研究文集》，海洋出版社，1991 年。

把辽墓研究又推向一个新的高度。

辽墓中发现的人骨和尸体的人种学研究也积极开展起来。朱泓在 1990 年和 1991 年发表了《契丹人种初窥》《内蒙古宁城山嘴子辽墓契丹颅骨的人类学特征》和《契丹族的人种类型及其相关问题》①，他确定了已发现的契丹颅骨资料均属北亚蒙古人种。

李逸友在 1992 年和 1993 年又发表了《论辽墓画像石的题材和内容》②和《论辽墓壁画的题材和内容》③，对这两项重要的考古资料作了详细的归纳。

1993 年杨晶、乔梁发表了《辽陶瓷器的分期研究》④，从类型学排比入手，把辽代特有的陶瓷器（包括大口罐、瓜棱壶等）分为五期十一段。前期为晚唐以降，后期为道宗至天祚帝时期。辽陶瓷器的分期和辽墓分期有密切关系，该文所做的研究为进一步探讨辽墓的细致分期提供了有益的参照。

《辽陈国公主墓》⑤ 大型报告也在 1993 年出版。该书结语对墓制、葬俗、壁画、墓主家世、随葬品所反映的汉与契丹的关系等均有论及。其中，作者力辟网络、面具为萨满用品说和佛教影响说，专主防腐说。同年木易发表的《辽墓出土的金属面具、网络及相关问题》⑥，则提出起源于汉代"玉衣"制度。可贵的是，该文否定了当时只有手足网络的葬具，认为墓中只发现手足网络是全身网络锈烂所致，在分类上不应单列一类。这一观点为后来的研究文章所采纳。

---

① 朱泓：《契丹人种初窥》，《辽海文物学刊》1990 年第 2 期；《内蒙古宁城山嘴子辽墓契丹族颅骨的人类学特征》，《人类学学报》1991 年第 4 期；《契丹族的人种类型及其相关问题》，《内蒙古大学学报》1991 年第 2 期。

② 李逸友：《论辽墓画像石的题材和内容》，《辽海文物学刊》1992 年第 2 期。

③ 李逸友：《论辽墓壁画的题材和内容》，《内蒙古文物考古》1993 年第 1、2 期。

④ 杨晶、乔梁：《辽陶瓷器的分期研究》，《青果集——吉林大学考古专业成立二十周年考古论文集》，知识出版社，1993 年。

⑤ 内蒙古自治区文物考古研究所等：《辽陈国公主墓》，文物出版社，1993 年。

⑥ 木易：《辽墓出土的金属面具、网络及相关问题》，《北方文物》1993 年第 1 期。

同年陶宗冶发表了《略论张家口地区辽墓分期问题》①，总结了张家口地区辽墓的特点和分期特征。

1994 年王银田发表了《大同辽代壁画墓刍议》②。该文分析了大同附近辽代壁画墓的区域特点、分期特征，正确地总结出大同地区晚期壁画的最大特点是程式化；该地区辽代壁画墓有自身的演变规律；它既受北方契丹文化影响，又受到宋文化的影响。

陶宗冶和王银田这两篇文章相继问世，标志着我国辽代区域考古研究已开始走向成熟。

1994 年梁淑琴发表《辽瓷的类型与分期》③，文中除了对辽代特有的"契丹形式"器类作分型分式的排比外，还对其他"中原形式"的辽瓷作了分型分式排比，从而把辽瓷分为早、中、晚三期，中期为圣宗和兴宗两朝。但该文型式概念不清，发展线条并没有理顺。

王秋华发表论文《辽代契丹族墓葬壁面装饰分期》④。虽文名冠以契丹族墓葬，实则根据她所认定的 13 座墓作分析，把壁面装饰划分为两期，界线在兴道之间。她认为所选 13 座墓"资料典型"，具有"普遍意义"。实则不然，从引文可以看出，作者只关注"三大考古杂志"中的墓，限制了其研究视野。如文中所选的耶律延宁墓、张家营子墓、秦晋国大长公主墓的墓壁面或无装饰，或所存极少，没有典型性。而在"三大考古杂志"之外发表的圣宗陵、上烧锅 M1、木头营子 M1、康营子墓等墓葬壁面装饰复杂、内涵丰富、时代性强、保存较好，却没有选取。文中言公元 986 年的耶律延宁墓是"目前所知最早的带有纪年的壁面装饰墓"，实际上 20 世纪 50 年代发表的公元 959 年的赤峰大营子驸马墓的墓壁就有壁画。八角形纪年墓也仅知道宗时的清河门 M2，而不知圣宗太平八年（1028 年）李知顺墓和太平九年（1029 年）萧仅墓。

① 陶宗冶：《略论张家口地区辽墓分期问题》，《北方文物》1993 年第 1 期。
② 王银田：《大同辽代壁画墓刍议》，《北方文物》1994 年第 2 期。
③ 梁淑琴：《辽瓷的类型与分期》，《北方文物》1994 年第 3 期。
④ 王秋华：《辽代契丹族墓葬壁面装饰分期》，《北方文物》1994 年第 1 期。

　　刘冰和侯峰分别发表论述金属面具和网络的论文①，两人同时提出网络渊源于树葬时的络尸物这种看法，侯峰的论证更有说服力。两人都相信面具来源于东胡的覆面习俗，但侯峰认为还受到佛教的影响。刘冰还对面具和网络的等级、分类、早晚变化作了精要分析，开阔了研究面具、网络的视野。

　　总之，近十五年来考古界对辽墓的研究兴趣大增，已颇具规模。研究的热点大体有四个：辽墓分期和类型，辽瓷的类型学分析和分期，壁面装饰，火葬和面具、网络之类特殊葬俗。相关领域均取得可喜的成绩，但仍未取得共识，某些具体问题上还存在较大分歧。

----

　　①　刘冰：《试论辽代葬俗中的金属面具及相关问题》，《内蒙古文物考古》1994 年第 1 期；侯峰：《辽代契丹族金属面具、网络等葬俗的分析》，《内蒙古文物考古文集》第一辑，中国大百科全书出版社，1994 年。

第二章
辽墓遗物之类型学研究

确定辽墓的编年序列是对辽墓进行科学研究的前提。目前已发现了相当数量的有纪年的辽墓，为辽墓编年提供了可靠的基点。但大量无纪年辽墓的准确断代，仍有赖于对辽墓常见遗物做更深入细致的类型学研究。

本章选取辽墓随葬品中数量多且形态富于变化的十八类器物，做类型学排序的分析研究，每类器物中分的"型"代表着一个演变序列，而用"式"表示该型中的各个发展环节。在这个基础上再探讨辽墓的分期问题。

第一节 型 式 研 究

一、鸡冠壶

该类器在顶部一侧有向上的管状流，另一侧有带穿孔的扁冠峰或提梁。出土时往往成对，重心一偏左一偏右[①]，驸马墓出土者器内发现有茶色结晶物质，可推断是马上所用盛茶、乳之类饮料的容器。有学者认为该类器即《辽史》记载的"马盂"，是可信的[②]。考古界习称为鸡冠壶，或称马镫壶、仿皮囊壶。一般为瓷质或釉陶质，也有无釉陶质的，木质、金属的极少见，其高度一般在 20 至 30 厘米，个别高达 47 厘米以上。

鸡冠壶是辽墓中经常遇到且器形变化甚敏感的器物，是类型学研究的重点对象。

（一）分型

李文信首先把鸡冠壶分为矮身单孔式、扁身双孔式、扁身提梁式、圆身提梁式、矮身横梁式，但未进而讨论诸式之间有无相承演变关系。冯永谦先提出矮身横梁式应属另一序列，已意识到诸式不是单线演进的关系。由于在

---

①　如海力板墓所出鸡冠壶，见《辽海文物学刊》1991 年第 1 期，第 111 页，图六，2、4。

②　玛希、张松柏：《马盂考》，《松州学刊》1987 年第 4、5 期。

海力板墓发现矮身提梁式和矮身单孔式并存，李宇峰首先明确提出鸡冠壶可分为两个序列，一是穿孔的，一是提梁的。提梁鸡冠壶是由矮身到扁身，再发展到圆身。冯永谦原拟想矮身提梁式后来演变为矮身的鸡形壶，经李红军对辽宁省博物馆所藏鸡形壶实际观察，鸡形壶是结构特殊的底内倒流壶，不属鸡冠壶之列①。

后来，杨晶和梁淑琴又进一步把穿孔的鸡冠壶分为单孔、双孔两型，两者均自成序列。杨晶还把单孔型又分成正视呈长方形和正视呈梯形两个亚型。

笔者认为，在单孔的鸡冠壶中，余粮堡出土的那种形态自有特点：冠峰无尖突而轮廓浑圆，冠峰和流之间的空隙较宽，有不同于其他单孔鸡冠壶的起源。应单列为一型。

故本书把全部鸡冠壶分为四型：

A 型：单孔无突型。

B 型：单孔有突型。

C 型：双孔无突型。

D 型：提梁型。

B 型鸡冠壶依杨晶的方法可进一步分为两个亚型：Ba 型：器身正视近于梯形；Bb 型：器身正视近于长方形。

D 型鸡冠壶的流有两类，一类粗短，一类细长。从发表的图看，细长流的鸡冠壶在流内腔与器身交界处有一周凸棱，使流内径变得更小，倾注壶内液体甚难。推测它在功能上应与粗短流者有所不同。据此，笔者将 D 型分为两个亚型：Da 型：粗短流；Db 型：细长流。

（二）分式

1. A 型鸡冠壶分式

该型发现甚少，已公布者见于《辽宁省博物馆藏辽瓷选集》（以下简称《辽瓷选集》）著录 1 件②、呼斯淖墓出土 3 件、余粮堡墓出土 3 件。

---

① 李红军：《白釉铁锈花鸡形"鸡冠壶"辨》，《辽海文物学刊》1993 年第 2 期。
② 辽宁省博物馆：《辽宁省博物馆藏辽瓷选集》，文物出版社，1962 年，图版 17。

《辽瓷选集》著录者，矮体，腹部很肥大，无仿皮条纹饰。它的器身形态与西安唐墓出土的白釉提梁鸡冠壶、会同四年（941 年）耶律羽之墓出土的茶褐釉提梁鸡冠壶相近。

呼斯淖墓所出和余粮堡墓出土者相同，均为高体，器身上扁下圆，陶质，侧壁上下附穿纽。其中余粮堡墓出土的有一件带仿皮条装饰。它们的器身侧视形态与景圣之交的叶茂台 M7 出土的双孔鸡冠壶接近，年代应晚于《辽瓷选集》著录者。

因此，可把《辽瓷选集》著录者定为 I 式，余者定为 II 式（图一）。

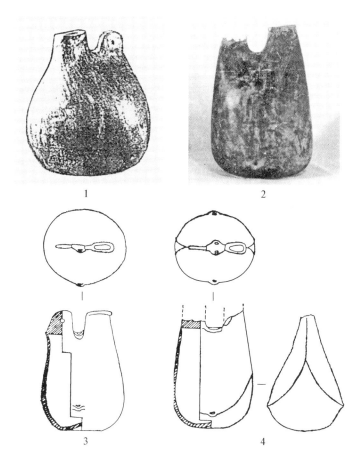

图一　A 型鸡冠壶

1.《辽瓷选集》著录　2. 呼斯淖墓出土　3、4. 余粮堡墓出土
（1. I 式　2—4. II 式）

因标本少，只能看出该型演变趋势为器身变高，腹部肥大程度减低，侧壁出现穿纽。该型早期无仿皮条装饰，Ⅱ式个别有之，笔者认为是受他型影响所致。

2. B 型鸡冠壶分式

该型发现较多，仅驸马墓就出土 17 件。

Ba 型见于卧凤沟墓、海力板墓、驸马墓、小塘土沟 M1、小道虎沟墓①、商家沟 M1、清河门 M4。前 4 处出土的鸡冠壶都有皮条装饰，且冠峰上的尖突均显著。后 3 处出土的无皮条装饰，有的冠峰尖突变小。而且，有皮条装饰者，卧凤沟和海力板墓出土的均为半高体，冠峰上有仿缝合线的纹饰，无圈足。无皮条装饰者，均为高体，均有圈足。驸马墓和小塘土沟墓出土者，体较高，既有皮条装饰，又有圈足，呈现过渡状态。由于驸马墓出有墓志，可定为应历九年（959 年），而商家沟 M1 出土墓志，可定为统和二十年（1002 年），可推定有皮条装饰而矮体无圈足者年代最早。

据此，可把 Ba 型分为四式（图二）：

Ⅰ式：包括卧凤沟墓、海力板墓出土者。凹底无圈足，有皮条装饰。施釉到底。

Ⅱ式：以驸马墓出土者为代表。已出现圈足，仍有皮条装饰。施釉到底。

Ⅲ式：以小道虎沟墓、小塘土沟 M1 出土者为代表。有圈足，无皮条装饰或皮条装饰只剩残余。施釉不到底。

Ⅳ式：包括商家沟 M1、清河门 M4 出土者。体高，有圈足，无皮条装饰，冠峰变形或不对称，尖突变小。施釉不到底。

从质地和釉色看，卧凤沟墓和海力板墓所出 3 件 Ⅰ 式都是白釉。另外，北票牛头沟墓出土 4 件泥质黑陶鸡冠壶，未发表图形，但报道说"形制略似驸马墓所出者，但壶嘴更短，壶底更肥大，内凹而无圈足"②。很可能也是

① 喀左县博物馆：《辽宁喀左县出土辽代鸡冠壶》，《考古》1988 年第 9 期。
② 朝阳地区博物馆：《辽宁朝阳姑营子辽耿氏墓发掘报告》注 23，《考古学集刊》第 3 集，中国社会科学出版社，1983 年。

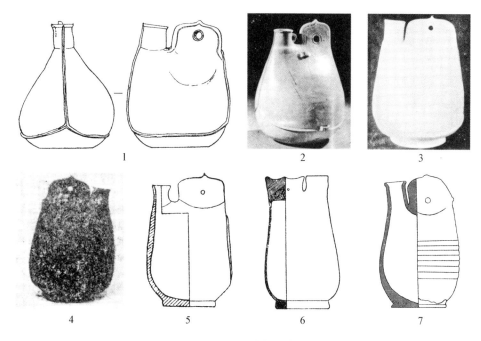

图二　Ba 型鸡冠壶

1. 海力板墓出土　2. 卧凤沟墓出土　3. 驸马墓出土　4. 小道虎沟墓出土
5. 小塘土沟 M1 出土　6. 商家沟 M1 出土　7. 清河门 M4 出土
（1、2. Ⅰ式　3. Ⅱ式　4、5. Ⅲ式　6、7. Ⅳ式）

Ba 型Ⅰ式鸡冠壶，则此式还有黑陶的。Ⅱ式中，驸马墓出土 8 件都是白釉的。Ⅲ式和Ⅳ式的都是绿釉的。清河门 M4 出土者，器表可见拉坯的痕迹，釉层易脱落，显见衰象。

　　Bb 型在驸马墓和 Ba 型共存，此外出 Bb 型的还有沙子沟 M1、巴扎拉嘎 M1、道尔其格墓、平房村墓。前两处出土者，都有皮条装饰，平底。后三处出土者都无皮条装饰，有圈足。

　　可参照 Ba 型，把 Bb 型分为三式（图三）：

　　Ⅰ式：包括驸马墓、沙子沟 M1 出土者。平底，有皮条装饰。施釉到底。

　　Ⅱ式：以巴扎拉嘎 M1 出土者为代表。有圈足，无皮条装饰。施釉到底。

　　Ⅲ式：包括道尔其格墓、平房村墓出土者①。有圈足，无皮条装饰，冠

---

① 喀左县博物馆：《辽宁喀左县出土辽代鸡冠壶》，《考古》1988 年第 9 期。

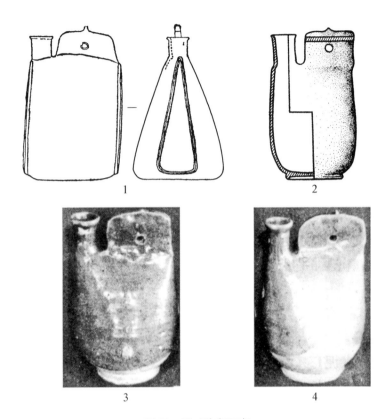

图三　Bb 型鸡冠壶

1. 沙子沟 M1 出土　2. 巴扎拉嘎 M1 出土　3、4. 道尔其格墓出土
（1. Ⅰ式　2. Ⅱ式　3、4. Ⅲ式）

峰尖突偏前或偏后而不对称。施釉不到底。

以上驸马墓的Ⅰ式和巴扎拉嘎 M1 的Ⅱ式是白釉，其余是绿釉。

值得注意的是，平房村的 Bb 型Ⅲ式鸡冠壶冠峰上的孔位置特别靠下，已低于冠峰和流之间凹档底。在 Ba 型Ⅳ式中也有类似现象，如清河门 M4 出土者冠峰上的孔也明显偏下，有可能是年代偏晚的特征。

3. C 型鸡冠壶分式

该型发现较多，其中年代在景圣之交的叶茂台 M7 出土者体较矮，下身肥大，后峰高大，前孔位低而后孔位高，开泰六年（1017 年）韩相墓、开泰九年（1020 年）耿延毅墓、太平七年（1027 年）耿知新墓所出者都是体较高，扁身，侧视近于长方形，前后峰等高，流口有外凸唇。可见 C 型是体形从矮变高，从肥变扁；冠峰由后峰高变为后峰与前峰等高，由后孔高变为后孔与前孔等高。安辛庄墓、囫囵村墓出土的 C 型鸡冠壶，其体形为矮体，下身肥大，与叶茂台 M7 所出者同。但是其冠峰的后峰低矮，与前峰大致等高，两孔高度相当，流有外凸唇的特点则又与韩相墓、耿延毅墓、耿知新墓所出者相同。安辛庄墓和囫囵村墓所出者应是介于中间的过渡形态。

据此，把 C 型鸡冠壶分为三式（图四）：

Ⅰ式：包括叶茂台 M7、广德公墓所出者。矮体，下身肥大，侧视近于等腰三角形；前峰低矮，后峰高大，穿孔前低后高。

Ⅱ式：包括安辛庄墓、囫囵村墓所出者。矮体，下身肥大，侧视近于等腰三角形；前后峰变成等高，两孔高度相等；出现外凸唇。

Ⅲ式：数量多，韩相墓、耿延毅墓、耿知新墓、二林场墓、水泉 M1、张家营子墓、前窗户墓、小吉沟墓、北岭 M1、张扛 M3、张扛 M2、海王村墓、营房村墓等均有出土，高体，扁身；前后峰等高，双孔高度相等；外凸唇。

C 型仿皮条装饰始终都较发达。Ⅰ式还有仿针线缝合的细密针眼纹饰，Ⅱ式则仿针眼纹变稀疏，出现简化趋势，Ⅲ式仅偶尔见到稀疏仿针线眼纹。Ⅰ式的主题纹饰图案简略，有的没有。Ⅱ式则趋于复杂，鸡冠壶的两大面流行人字形构图的花纹。Ⅲ式的纹饰华丽，流行划花卷草纹、火焰纹，亦有少量的贴猴、划葡萄纹等。Ⅲ式中花纹左右对称的构图、涡形线条都是从Ⅱ式中的纹饰发展而来，从纹饰的变化看，Ⅰ式已接近所仿皮囊。

C 型未发现白釉器，以绿釉器为最多，也有褐釉（见于叶茂台 M7）、黄釉（张家营子墓）器。施釉基本到底。

器底基本为凹底或平底，据报道，上芦村墓所出 C 型Ⅲ式鸡冠壶有圈足，则是很少见的①。

---

① 因未发表线图，不知是实圈足还是空圈足。另外，商家沟 M1 出土两件鸡冠壶，一件是双峰双孔式，应属于 C 型，亦有圈足，但详情不明。

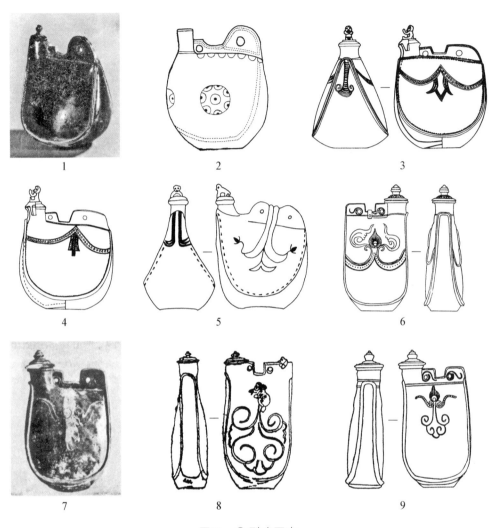

图四 C型鸡冠壶

1. 叶茂台 M7 出土　2. 广德公墓出土　3、4. 安辛庄墓出土　5. 函囵村墓出土
6. 前窗户墓出土　7. 张家营子墓出土　8. 耿延毅墓出土　9. 水泉 M1 出土
（1、2. Ⅰ式　3—5. Ⅱ式　6—9. Ⅲ式）

4. D 型鸡冠壶分式

该型的数量最多，由矮体发展为高体的趋势已成为研究者的共识。但杨晶在最近的论文中仍感到，在她所分的Ⅰ、Ⅱ式（即李文信所说的"矮身横梁式"）和Ⅲ、Ⅳ、Ⅴ式（即李文信所说的"扁身提梁式"）之间"尚存

在明显的缺环"。

实际上，可作为杨晶所分的Ⅱ式和Ⅲ式之间的中间形态的标本已有发现。如巴扎拉嘎 M1、广德公墓所出的龙形提梁鸡冠壶、木头营子 M1 所出的白瓷平底鸡冠壶、凌源县菜园子墓所出的白釉铁锈花平底鸡冠壶、锦什坊街墓所出黄釉平底鸡冠壶，壶身形态均介于杨晶所分的Ⅱ式和Ⅲ式之间。以往它们未被人注意的原因，一是数量少，二是可能它们的提梁和装饰比较特殊，被视为偶然出现的异形。但提梁形式和其他装饰上的富于变化，实乃圣宗时代追求美观的一种风尚，在上述 C 型鸡冠壶中也有明显的反映。而且辽晚期的高体 D 型鸡冠壶，提梁的形式也是富于变化的。所以笔者认为它们都应归入 D 型。

西安唐墓[①]和会同四年（941 年）耶律羽之墓所出 D 型鸡冠壶都是矮体的，器身正视图的长宽比大体相等，有皮条装饰，无圈足。兴宗重熙年间的清河门 M1 出土的为高体，器身长宽比约为 1.5，有皮条装饰，有圈足。道宗清宁三年（1057 年）清河门 M2 出土的为瘦高体，器身长宽比约为 2，无皮条装饰，有圈足。

以此为线索，可把 Da 型分为五式（图五）：

Ⅰ式：包括耶律羽之墓、后刘东屯 M1、白玉都墓出土者，《辽瓷简述》亦收录 1 件。矮身（器身长宽比不超过 1），凹底，有皮条装饰，其中耶律羽之墓所出和《辽瓷简述》收录的正视图壁外鼓；后刘东屯 M1、白玉都墓所出者，正视图壁较直，这种现象以下各式均有，不具分式之意义。

Ⅱ式：包括海力板墓、上烧锅 M1 出土者（后者为陶质）。体稍高，凹底，有皮条装饰。

Ⅲ式：包括巴扎拉嘎 M1、广德公墓出土者。体稍高，下身肥度大减，凹底或平底，个别已无皮条装饰，多作龙形提梁。

---

① 李知宴：《唐代瓷窑概况与唐瓷的分期》，《文物》1972 年第 3 期，图三，2。该文只言此器为唐代开元天宝年间，但未交代据何而断。

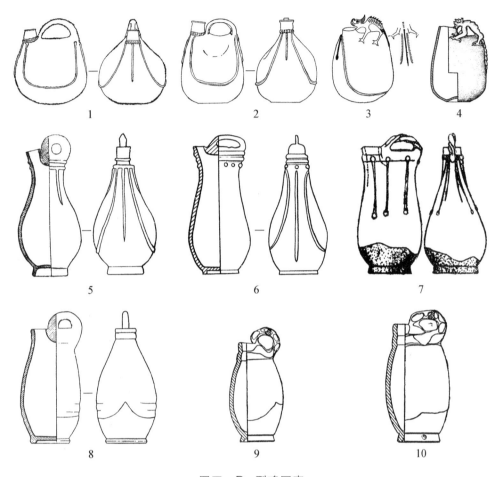

图五　Da 型鸡冠壶

1. 后刘东屯 M1 出土　2. 海力板墓出土　3. 广德公墓出土　4. 巴扎拉嘎 M1 出土
5. 查干坝 M11 出土　6. 西山村 M4 出土　7. 北岭 M4 出土　8. 柴达木墓出土
9、10. 乌兰哈达墓出土
(1. I 式　2. II 式　3、4. III 式　5—7. IV 式　8—10. V 式)

Ⅳ式：包括北岭 M4、查干坝 M11、西山村 M4 出土者。高体，正视有明显颈部，有圈足，有皮条装饰（常在条带终端加小圆饼），多见绞索形矮提梁。

Ⅴ式：包括柴达木墓、乌兰哈达墓出土者。高体，正视无流，下束颈，有圈足，无皮条装饰，多为捏环梁。

Ⅰ式至Ⅲ式为白瓷、白釉陶或无釉陶器，唯耶律羽之墓所出者施薄褐釉。Ⅳ式开始流行绿釉，也有黄釉。Ⅳ式施釉不到底。Ⅴ式无釉处宽度加大，施釉面积变小。

依同一演变趋向，可把 Db 型分为三式（图六）：

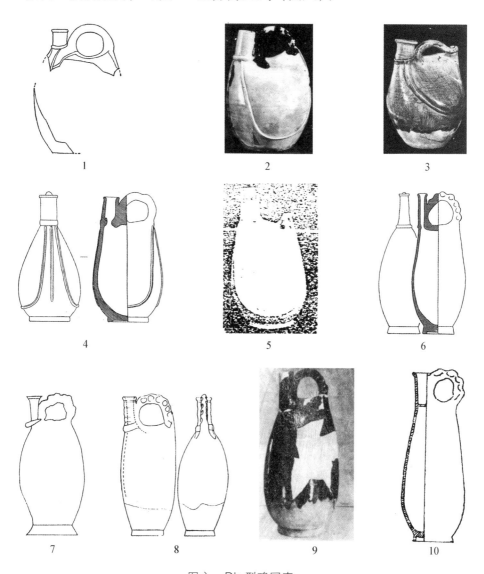

图六　Db 型鸡冠壶

1. 木头营子 M1 出土　2. 菜园子墓出土　3. 锦什坊街墓出土　4. 清河门 M1 出土
5. 大营子 M3 出土　6. 清河门 M2 出土　7. 新地 M1 出土　8. 北岭 M3 出土
9. 巴图营子墓出土　10. 骆驼岭墓出土
（1—3. Ⅰ式　4、5. Ⅱ式　6—10. Ⅲ式）

Ⅰ式：包括木头营子 M1、菜园子墓、锦什坊街墓出土者。体稍高，下身肥度大减，平底，有皮条装饰。

Ⅱ式：包括清河门 M1、大营子 M3 出土者。高体，有圈足，有皮条装饰。

Ⅲ式：包括清河门 M2、新地 M1、北岭 M3、巴图营子墓、骆驼岭墓、解放营子墓所出者。高体，有圈足，无皮条装饰，多为捏环梁。其中骆驼岭墓出土者器身长宽比为 2.2，细长流内腔仅有米粒大小的穿孔，已失去实用性，或为明器，年代较晚。

Ⅰ式中的木头营子 M1 出土者为白釉，凌源菜园子墓出土者为白釉铁锈花①，锦什坊街墓出土者为黄釉。Ⅱ式中大营子 M3 出土者为白釉加绿彩。Ⅲ式中除巴图营子墓出土者为黄釉外，余为绿釉。Ⅲ式的施釉多不到底，釉色亦不好，有的发现时釉已脱落。

（三）各型式的绝对年代

以上着重讨论了各型的演变序列，本节则以有纪年的墓为基准，结合不同型式的同墓共存关系，讨论各型式的绝对年代。

西安唐墓和会同四年（941 年）耶律羽之墓出 Da 型Ⅰ式，A 型Ⅰ式器身形态和 Da 型Ⅰ式相仿，故可将 A 型Ⅰ式和 Da 型Ⅰ式定在辽初的太祖、太宗时期，其产生早于辽。

应历九年（959 年）驸马墓中，Ba 型Ⅱ式和 Bb 型Ⅰ式共存，则此两式的年代应在穆宗前后。

Ba 型Ⅰ式从形态判断，年代应早于 Ba 型Ⅱ式。而 Da 型Ⅱ式从形态判断应晚于 Da 型Ⅰ式。海力板墓中，Ba 型Ⅰ式和 Da 型Ⅱ式共存。说明海力板墓年代早于驸马墓而晚于耶律羽之墓，正好可断在世宗前后。故可将 Da 型Ⅱ式和 Ba 型Ⅰ式定在世宗前后。Ba 型Ⅰ式的器身侧视之肥大程度和 A 型Ⅰ式、Da 型Ⅰ式相仿，其年代很可能在世宗以前。

---

① 刘莉：《凌源近年出土的几件陶瓷器及其相关问题的探讨》，《辽海文物学刊》1994 年第 2 期。

叶茂台 M7 出 C 型Ⅰ式，该墓的绝对年代过去见解不一，有必要讨论。该墓出土的官字款金釦碗，与定县塔基出土的太平兴国二年（977 年）款碗形态相近①。另据杨仁恺考证，墓中出土的山水画和花鸟画的创作年代分别为公元 940—968 年和公元 979 年左右②。出土漆器有"庚午""丁丑"款，最有可能是公元 970 年和公元 977 年。曹汛考证该墓棺床小帐上的束莲纹见于公元 970 年兴建的敦煌 427 窟③。但他因帷幔上有鸾鹤云纹、壶门内有虎头图案，认为这种道教升仙题材应在圣宗时期（很可能在澶渊之盟以后）才出现于辽地。实际上，耶律羽之墓就已经有祥云飞鹤题材。故该墓的年代定在景圣之交为妥。

C 型Ⅲ式鸡冠壶在圣宗开泰六年（1017 年）韩相墓、开泰九年（1020年）耿延毅墓中都有出土，在圣宗太平七年（1027 年）耿知新墓中也有发现，可以认为 C 型Ⅲ式主要流行于圣宗的后期，即开泰、太平年间，其产生时间应进入统和时期。那么较之为早的 C 型Ⅱ式年代约为圣宗前期，即统和时期较为合适。而 C 型Ⅰ式的流行年代也依此可上推到景宗前后，叶茂台M7 应是出 C 型Ⅰ式较晚的墓例。

A 型Ⅱ式鸡冠壶的侧视形态与 Ba 型Ⅰ式之卧凤沟墓所出者及 C 型Ⅰ式、C 型Ⅱ式的形态相似，其年代范围应该在世宗到圣宗前期。但考虑到目前发现的 A 型Ⅱ式都是无釉的泥质鸡冠壶，其年代应较早，所以把 A 型Ⅱ式断在世宗、穆宗时期较妥。

根据穆宗应历九年（959 年）驸马墓出土 8 件 Ba 型Ⅱ式和圣宗统和二十年（1002 年）商家沟 M1 出土 1 件 Ba 型Ⅳ式分析，Ba 型Ⅲ式的年代应以景宗和圣宗前期为主。Ba 型Ⅳ式鸡冠壶除见于商家沟 M1 外，还见于清河门M4，该墓出土Ⅰ式影青瓷碗，墓年代下限应在道宗以前。所以 Ba 型Ⅳ式的年代仍为圣宗统和后期到兴宗时期。

巴扎拉嘎 M1 和广德公墓都出土带龙形提梁的 Da 型Ⅲ式鸡冠壶。其中广

---

① 定县博物馆：《河北定县发现两座宋代塔基》，《文物》1972 年第 8 期。
② 杨仁恺：《叶茂台辽墓出土古画的时代及其它》，《文物》1975 年第 12 期。
③ 曹汛：《叶茂台辽墓中的棺床小帐》，《文物》1975 年第 12 期。

德公墓还出土了 C 型 I 式鸡冠壶，所以巴扎拉嘎 M1 和广德公墓都可能是景宗到圣宗初之墓。Da 型Ⅲ式的年代大体也在景宗到圣宗前期。巴扎拉嘎 M1 也出土 Bb 型Ⅱ式，那么，Bb 型Ⅱ式年代也大体在景宗到圣宗初年。Bb 型Ⅲ式没有能准确断代的墓作参考。参照 Ba 型Ⅳ式的断代，其年代大体上在圣宗、兴宗时期。

清河门 M1 出土的墓志有缺文，据李文信考证，该墓的年代当在兴宗重熙十三年（1044 年）以前[①]。而清河门 M2 的年代据墓志为道宗清宁三年（1057 年）。清河门 M1 所出 Db 型Ⅱ式与清河门 M2 所出 Db 型Ⅲ式差别明显，所以 Db 型Ⅱ式的年代可能在兴宗时期，而 Db 型Ⅲ式年代上限可能推到兴宗重熙之末。Db 型 I 式早于 Db 型Ⅱ式。I 式与Ⅱ式之间联系紧密，I 式中有白釉铁锈花，而统和十八年（1000 年）刘宇杰墓曾出土白釉铁锈花的瓷羊，所以暂把 Db 型 I 式的年代推定在圣宗时期。Db 型Ⅲ式发现数量较多，具体形式也多样，解放营子墓、巴图营子墓、北岭 M3 等伴出大量三彩器，最晚的出鸡冠壶的纪年墓是萧孝忠墓，为大安五年（1089 年），但天庆年间尚未发现有鸡冠壶的报道，所以把 Db 型Ⅲ式的流行年代定在道宗时期。

Da 型Ⅳ式有仿皮条纹饰、圈足，这些特点与 Db 型Ⅱ式同。而 Da 型Ⅴ式的仿皮条纹已消失，圈足，这与 Db 型Ⅲ式同。因此，参照 Db 型的年代，把 Da 型Ⅳ式断为兴宗时期，把 Da 型Ⅴ式断在道宗时期。

以上各型式鸡冠壶年代请参阅分期表（参见表一）。

（四）各型之间的关系

A、B、C、D 四型鸡冠壶既存在差别，又存在联系。以往研究过于注意它们之间的联系，而忽视差别的分析。差别恰是各型特质之表现，不能认清特质，也就难以把握其联系。通过分式和年代的分析，已可看出诸型各有自身的演变序列和特定的存在时间范围。若再从诸型鸡冠壶所仿原型器的角度加以剖析，则其特质更加明晰。

---

① 李文信：《义县清河门辽墓发掘报告》，《考古学报》第 8 册，1954 年，第 201 页。

鸡冠壶上的皮条装饰纹是仿皮囊器上的缝合线，这是我们考察各型鸡冠壶所本原型器的重要线索。

D 型鸡冠壶的两个正视面各有一条仿皮条装饰纹，都是从流下绕至梁之后端，两条首尾皆不汇合。由此可知，D 型所仿之皮囊是由两大页皮子作器的大面，再加一长棱形的皮子作器的底和侧面。D 型的流与器身的交界处几乎都有一周凸条，说明皮囊器之流是先预制出管状流，再与器身缝合。

B 型鸡冠壶则不然，它的仿皮条纹是从流口沿的外侧起，只有一条，向下延伸到近底处则分为两条，绕到另一端时又汇合成一条，向上升延，止于冠峰外侧的下端。这表明所本皮囊是由两大页皮子缝合出流和腹身，再加一小片皮子为底。Ba 型 I 式卧凤沟墓所出和海力板墓所出者，冠峰的上缘和侧缘有仿针脚线纹，而冠峰之下缘不见，可能皮囊冠峰也是随大面同时缝合而成，而不是后接的。

C 型鸡冠壶自始至终都有仿皮条装饰，其特点是周身只有一条，而与 B、D 型相异。其皮条从后冠峰的一侧缘起，向下延伸到近底处而转弯；沿大面下部走到大面的另一侧，再向上爬起，升至流下端时又转弯沿窄侧面横行，至另一大面的侧缘时再急转直下，至正底处又转弯沿大面横行，至大面另一端则转弯扬起，直升到冠峰下，首尾两端则不合拢。流与冠峰下有凸条或针线眼，流与峰都是后接在囊体上的。那么，双孔鸡冠壶也是由两块大皮子作大面，一长条皮子作两窄面和底，这与 D 型缝制痕迹相同。所不同的是，作底和窄面的皮条两端开头有异，D 型两端为方头，C 型一端为圆头，一端为方头。而与 B 型在结构上相差较大。如果使用时，是用绳索（或皮条）横系在两冠峰穿孔上，则构成软提梁，那么在使用方法上也与 D 型相似。

A 型鸡冠壶中，年代早的 I 式没有仿皮条装饰，也没有仿针线眼的纹饰，其与 B、C、D 型年代越早仿皮条或仿针线眼纹饰越具体而逼真截然不同。A 型 II 式已公布 6 件，却只有 1 件有仿皮条装饰，证明 I 式没有仿皮条装饰并不是偶然的。仅有的这件仿皮条装饰纹与 B 型的仿皮条装饰纹完全相同，所以，这件器物的纹饰可能是受 B 型影响而出现的。如果此推断不误，则 A 型不是仿皮囊器。A 型 I 式的流口为方形，II 式的流口为长条形，也与 B、C、D 型鸡冠壶的流口呈圆形或椭圆形迥异。陈国公主墓出土木质鸡冠壶的一片，为单冠峰，冠峰上无尖突，方流口，流与峰之间隙宽阔，无纹饰装饰，这些特征都与 A 型同。因此我们认为，A 型鸡冠壶可能是脱胎于木质鸡冠壶。

所以，A、B、C、D 型鸡冠壶均渊源有自，皆为独立之序列。

李宇峰认为《辽瓷选集》收录的单孔无突的鸡冠壶（即本书的 A 型 I 式）是介于单孔式向双孔式的过渡形态，冠峰与流的空隙大，已留出增加前峰的位置。在它之后，是赤峰卧凤沟墓出土的管口附加穿纽的鸡冠壶（即本书的 Ba 型 I 式）。再演变就是叶茂台 M7 的双孔鸡冠壶（即本书的 C 型 I 式）。

最近杨晶认为余粮堡墓所出的带附加穿纽的鸡冠壶（即本书的 A 型 II 式）发展为卧凤沟墓的鸡冠壶，再变为海力板墓的鸡冠壶。随后梁淑琴在《辽瓷的类型与分期》图表中，把驸马墓所出之平底直壁鸡冠壶（即本书的 Bb 型 I 式）发展为卧凤沟墓的带附加耳的鸡冠壶，再变为叶茂台 M7 的双孔鸡冠壶。之所以产生上述种种看法，是因为 A、B、C 型在具体细节上存在着某些共同之处，如都有冠峰，均见穿纽等。笔者认为，各型之间的这种相似之处，乃是各型鸡冠壶相互影响的表现，而不是一个序列内的前后继承关系的反映。

目前所发现的无釉的陶质鸡冠壶，无论属于哪一型，均有附加穿纽。如余粮堡墓和呼斯淖墓发现的 6 件 A 型 II 式鸡冠壶，北票县牛头沟墓发现的 4 件 Ba 型 I 式鸡冠壶[1]，上烧锅 M1 出土的 4 件 D 型鸡冠壶。陶器的火候和硬度都低于釉陶和瓷器，在骑乘颠簸下，仅靠冠峰或提梁负担全器之重是难以实现的，所以才附加穿纽。余粮堡墓中所出火候高的一对灰陶鸡冠壶附加了

---

① 朝阳地区博物馆：《辽宁朝阳姑营子辽耿氏墓发掘报告》注 23，《考古学集刊》第 3 集，中国社会科学出版社，1983 年。

3 只穿纽。而火候低的磨光黑陶鸡冠壶附加了 4 只穿纽，即为明证。呼斯淖墓所出之器在穿纽位置上有竖向的绳索磨槽痕，可见使用时是用条带穿过纽孔而兜住器底。尽管如此保护，余粮堡墓和呼斯淖墓所出鸡冠壶的多数冠峰穿孔之上仍然残去。陶质鸡冠壶正因为有此弱点，景宗以后便消失。只有卧凤沟墓所出 Ba 型Ⅰ式鸡冠壶是仅见的挂釉又附加穿纽的特例。因此，有无穿纽不能作为是否为一个发展序列的证据。

D 型鸡冠壶出现最早，唐代邢窑遗址和唐墓都有出土[①]，均为白瓷，仿皮条装饰也与 Da 型Ⅰ式同。李文信先生在《辽瓷简述》中曾根据辽代"矮身提梁式"多瓷胎而把该式放在最后。资料表明，D 型早期多瓷胎乃是受唐邢窑影响所致。

受 D 型鸡冠壶的启发，辽初又发明了 A 型和 B 型鸡冠壶，它们分别摹仿木质鸡冠壶和另一类皮囊壶。

C 型鸡冠壶出现较晚，约在景宗时期。C 型Ⅰ式的后峰高大，呈圆舌状，无尖突与 A 型冠峰同；前峰小巧，附于流后又似乎与卧凤沟墓所出 Ba 型Ⅰ式者的流后附加穿纽有一定联系；而双孔用绳索相连为软提梁，使系于一孔之重力分解两处，同时也便于提拿，显然又吸收了 D 型提梁之优点。因此，C 型是受到 A、B、D 型的影响启发而创造的新形式。C 型不是三者的简单混合，而是始终保持了独树一帜的特色。例如，所发现的 C 型个体绝大多数都有配套的器盖伴出，其他型则只是偶尔见到器盖而已；有华丽的花纹装饰和向扁体发展也与其他型不同。

各型鸡冠壶均有程度不同的增高趋势，以 D 型表现得最为明显。而圈足在穆宗时已在 Ba 型中诞生，随后扩及 Bb 型。C 型在圣宗后期可能有个别者借用了圈足。D 型在兴宗时及其以后，广泛地采用了圈足。

二、盘口穿带瓶

盘口穿带瓶是指器腹两侧有对称横耳的盘口细领瓶，因两侧横耳可供穿

---

① 河北临城邢瓷研制小组：《唐代邢窑遗址调查报告》，《文物》1981 年第 9 期；李知宴：《唐代瓷窑概况与唐瓷的分期》，《文物》1972 年第 3 期。

带而得名，是可供背负的盛器。在二八地 M1 壁画中可见背瓶的人物形象。此类盘口穿带瓶形体较大，高在 30—40 厘米左右，皆有釉。

　　盘口穿带瓶发现数量较少，尚无人注意它的演变。会同四年（941年）的耶律羽之墓和出 Da 型 I 式鸡冠壶的白玉都墓所出之盘口穿带瓶形态相近，在上下横耳之间有一带槽。而张扛 M1 和木头营子 M2 的盘口穿带瓶形态相近，上下横耳之间都无竖槽。内蒙古和林格尔土城子唐墓中出土的盘口穿带瓶亦有带槽，带槽壁比辽墓所见高，且圈足之两侧还有穿带通过的透孔①。所以耶律羽之墓和白玉都墓所出应是承唐代土城子盘口穿带瓶而来，张扛 M1 和木头营子 M2 的盘口穿带瓶则是带槽退化后的形式。

　　依此分析，把辽代的盘口穿带瓶分为两式（图七）：

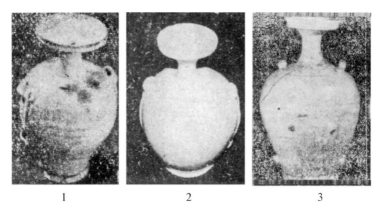

图七　盘口穿带瓶
1. 白玉都墓出土　2. 耶律羽之墓出土　3. 张扛 M1 出土
（1、2. I 式　3. II 式）

　　I 式：以白玉都墓和耶律羽之墓所出者为代表。有带槽，球形腹。

　　II 式：以木头营子 M2、张扛 M1 所出者为代表。无带槽，腹壁较直，底稍大。

---

　　① 内蒙古自治区文物工作队：《和林格尔县土城子古墓发掘简介》，《文物》1961 年第 9 期，三号墓出土。

Ⅱ式的下部容积大，放置时较Ⅰ式更稳。

Ⅰ式盘口穿带瓶与 Da 型Ⅰ式鸡冠壶共出，且耶律羽之墓为太宗会同四年（941 年），估计Ⅰ式的年代为辽初的太祖、太宗时期。木头营子 M2 所出的盏托时代为圣宗末兴宗初，Ⅱ式的年代约在圣兴时期。两式之间可能还会再发现过渡的式别。

三、盘口长颈瓶

盘口长颈瓶没有穿带，形体高大，高约 30—60 厘米，皆有釉。在张世卿墓壁画和张恭诱墓壁画中可以看到它是室内陈设之花瓶，所以它在功能上与盘口穿带瓶应是两类器物。

应历九年（959 年）驸马墓所出之盘口长颈瓶，浅盘口，盘沿无竖壁，鼓肩，形体肥胖丰满。景圣之交的叶茂台 M7 出土之盘口长颈瓶，盘深，盘沿有竖壁，瘦体小鼓肩。

依此，可把盘口长颈瓶分为三式（图八）：

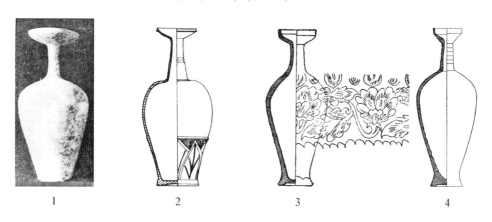

图八　盘口长颈瓶

1. 驸马墓出土　2. 安辛庄墓出土　3. 叶茂台 M7 出土　4. 清河门 M1 出土
（1、2. Ⅰ式　3. Ⅱ式　4. Ⅲ式）

Ⅰ式：包括驸马墓、碌碡科墓、安辛庄墓所出者。浅盘，无竖壁，壁与底分界不清，大鼓肩，胖体。

Ⅱ式：包括叶茂台 M7 所出者。深盘，盘沿出现竖壁，小鼓肩，下腹细瘦。

Ⅲ式：包括清河门 M1 所出者。深盘，外观近于漏斗状，竹节颈，小鼓肩。

驸马墓为应历九年（959 年），安辛庄墓共出 C 型 Ⅱ式鸡冠壶，年代在圣宗前期。Ⅰ式的年代约为穆宗到圣宗早期。叶茂台 M7 是景圣之交，Ⅱ式的年代约为景圣时期。清河门 M1 为兴宗重熙十三年（1044 年）以前，Ⅲ式的年代约在圣宗之末和兴宗时期。

四、凤首瓶

凤首瓶是在口下之颈部上端堆塑一凤鸟，故名。凤首瓶形体高大，一般在 40 厘米以上，高者可达 60 厘米，皆有釉。

清宁三年（1057 年）清河门 M2 所出凤首瓶，其凤鸟嘴部闭合，眼耳象征性地做出，尾宽短下弯，躯干贴附于器表。水泉 M1 和前窗户墓出土 C 型Ⅲ式鸡冠壶，年代应在圣宗后期，比清河门 M2 早。这两座墓所出凤首瓶的凤鸟为曲喙含珠，尾细长上弯，尾尖贴于外壁，造型生动。清河门 M2 所出者可看作水泉 M1 和前窗户墓所出者之退化形式。大安五年（1089 年）萧孝忠墓所出凤首瓶，凤鸟仅存嘴、翅、尾等若干部分，更证明了凤鸟随时间不断退化。

据此，凤首瓶可分为三式（图九）：

Ⅰ式：包括前窗户墓、水泉 M1 和上芦村墓出土者。凤鸟形象生动，曲喙含珠，尾细而弯转上扬，尾尖贴于口壁，口部上沿不平。

Ⅱ式：包括清河门 M2、郭家村墓出土者。凤鸟变小，羽翅等贴附于颈表面，闭嘴，口部上沿趋于水平，颈部出现竹节纹。

Ⅲ式：包括萧孝忠墓、范仗子 M101、小刘仗子 M2 等墓出土者。凤鸟简化，象征性地塑出嘴、目、翅、尾，器口上沿平，颈部有竹节纹，小刘仗子 M4、M1 所出者口、颈、身均与Ⅲ式同，唯无凤鸟，可能是Ⅲ式的简化形式。

Ⅰ式都与 C 型Ⅲ式鸡冠壶共出，其年代约在圣宗后期。Ⅱ式中的清河

1 2 3

图九　凤首瓶

1. 前窗户墓出土　2. 清河门 M2 出土　3. 范仗子 M101 出土
(1. Ⅰ式　2. Ⅱ式　3. Ⅲ式)

门 M2 有墓志出土，下葬年代为道宗清宁三年（1057 年），Ⅱ式与Ⅰ式相差较大，表明两者之间有缺环，故估计Ⅱ式的年代约为兴宗和道宗前期。Ⅲ式见于大安五年（1089 年）下葬的萧孝忠墓，其年代应为道宗中期以后。

五、长颈壶

长颈壶由较长的颈和器身两部分构成，通高约 30—60 厘米，有的为泥质灰陶，有的则挂釉。

长颈壶出土数量较多，用类型学方法研究辽陶瓷者也将其列入分期分式的重点对象，但是，尚未厘清长颈壶的演进序列。笔者认为，长颈壶与鸡冠壶相似，它有多条序列，不能只按纪年墓作单线的前后排队。

依颈部形态之不同，至少可分为三型：

A 型：颈上部较直，中部和下部外张，整体略呈上细下粗形。

B 型：颈上粗下细。

C 型：颈中间细，上下外张，呈束颈形。

（一）A 型

大横沟 M1 出土一件灰陶长颈壶较典型，颈上细下粗，凹底，下腹饰箆
纹，颈偏上部和颈与腹交接处各有一周凸棱。海力板墓出一件与大横沟 M1
所出形式相同者，只是挂褐釉。沙子沟 M1 所出者，颈部、腹部都与海力板
墓和大横沟 M1 所出者略同，有釉，但底为平底。海力板墓出土 Ba 型 I 式和
Da 型 II 式鸡冠壶，年代在世宗前后。而沙子沟 M1 出土 Bb 型 I 式鸡冠壶，
年代在穆宗时期，晚于海力板墓。南皂力营子 M1 所出之灰陶长颈壶，颈部
亦呈上细下粗形，颈上部和下端亦有两周凸棱，下腹饰箆点纹，凹底，均与
大横沟 M1 所出者相同。该器的底偏大，整体造型略矮胖，可能比大横沟
M1、海力板墓所出者都早。前勿力布格 M3 出土的一件长颈壶，为平底，挂
釉，与沙子沟 M1 所出者相同。但该器的颈部细长，呈竹节状，底径偏小，
年代可能晚于沙子沟 M1 所出者。从共出的皇宋通宝分析，该墓的年代在兴
宗晚期以后，与长颈壶的排队分析结果相符。

所以，把 A 型长颈壶分为四式（图十）：

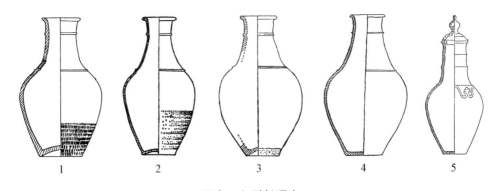

图十　A 型长颈壶

1. 南皂力营子 M1 出土　2. 大横沟 M1 出土　3. 海力板墓出土
4. 沙子沟 M1 出土　5. 前勿力布格 M3 出土
（1. I 式　2、3. II 式　4. III 式　5. IV 式）

I 式：以南皂力营子 M1 所出者为代表。凹底，底径大。陶质。年代在
辽初。

II 式：以大横沟 M1、海力板墓所出者为代表。凹底，底径中等。陶质和

挂釉者均见。年代在世宗前后。

Ⅲ式：以沙子沟 M1 所出者为代表。平底，底径中等。挂釉。年代约在穆宗时期。

Ⅳ式：以前勿力布格 M3 所出者为代表。平底，底径小。挂釉。年代约在兴宗时期。

Ⅲ式与Ⅳ式之间略有缺环。

（二）B 型

巴彦琥绍墓出土两件灰陶篦纹长颈壶，一件颈部上粗下细，属 B 型；一件颈部中间细、两端粗，呈束腰形，属于 C 型。巴彦琥绍墓所出 B 型长颈壶为凹底，底径较大，侈唇，壶身矮胖。据出土墓志知为统和四年（986 年）的耶律延宁墓也出土一件 B 型灰陶长颈壶，下腹有篦纹，凹底，但底径小，壶身高。开泰七年（1018 年）的陈国公主墓出土一件绿釉长颈壶，亦是凹底，底径小，与耶律延宁墓所出者同。从发表的线图可以看出，陈国公主墓出土的长颈壶是圆唇，唇面凸出于内外壁。清河门 M4 出土的长颈壶挂白釉，唇、腹形态和底径均与陈国公主墓所出者相同，唯底为平底。清河门 M4 出土 Ba 型Ⅳ式鸡冠壶和Ⅰ式影青瓷碗，年代应在圣宗晚期，最晚不会超过兴宗时期。耶律延宁墓、陈国公主墓和清河门 M4 出土长颈壶表现出形态风格的一致，而与巴彦琥绍墓所出者不同，可推定巴彦琥绍墓所出者年代较早。属于辽建国前后的乌日根塔拉墓所出长颈陶壶，侈唇、凹底特征与巴彦琥绍墓所出者同，但其底径更大，应是 B 型的早期形式。

因此，B 型可分为三式（图十一）：

Ⅰ式：以乌日根塔拉墓所出者为代表。底径很大，侈唇。

Ⅱ式：以巴彦琥绍墓所出者为代表。底径大，侈唇。

Ⅲ式：包括耶律延宁墓、陈国公主墓和清河门 M4 所出者。底径小，圆突唇，瘦长腹。出现平底和挂釉。

Ⅰ、Ⅱ式联系较紧密，Ⅱ、Ⅲ式之间有缺环。Ⅰ式的年代在辽建国前后。Ⅲ式的年代在圣宗和兴宗时期。Ⅱ式的年代早于圣宗。若考虑到Ⅱ式与Ⅲ式之间有缺环，推测Ⅱ式的年代或可在穆宗及以前。

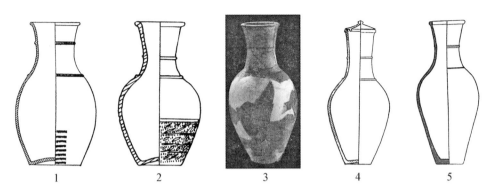

图十一　B型长颈壶

1. 乌日根塔拉墓出土　2. 巴彦琥绍墓出土　3. 耶律延宁墓出土
4. 陈国公主墓出土　5. 清河门 M4 出土
（1. Ⅰ式　2. Ⅱ式　3—5. Ⅲ式）

（三）C 型

巴彦琥绍墓所出 C 型陶壶，颈上部外张较小。叶茂台 M7 所出酱釉长颈壶，颈上部外张变大。巴彦琥绍墓的年代早于景圣之交的叶茂台 M7，两者所出长颈壶都是凹底。而光明街 M2 所出陶壶亦为细颈，口部外张更甚，平底，应是晚期形式。

依此，可将 C 型长颈壶分为三式（图十二）：

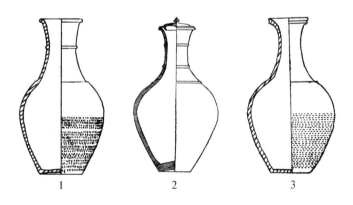

图十二　C 型长颈壶

1. 巴彦琥绍墓出土　2. 叶茂台 M7 出土　3. 光明街 M2 出土
（1. Ⅰ式　2. Ⅱ式　3. Ⅲ式）

Ⅰ式：巴彦琥绍墓所出者。颈略粗，口部外张较小，凹底。

Ⅱ式：叶茂台 M7 所出者。细颈，口部外张加大，凹底。

Ⅲ式：光明街 M2 所出者。细颈，口部外张更大，平底。

叶茂台 M7 的年代约在景圣之交，那么，Ⅱ式的流行年代约在景圣时期。Ⅰ式早于Ⅱ式，年代可能在穆宗及以前。Ⅲ式的年代晚于Ⅱ式，可能在圣宗之后。

六、鸡腿坛

鸡腿坛是小口短颈长体，一般高度为 30—60 厘米。从张世卿墓、韩师训墓壁画中可以看到以鸡腿坛贮酒，前海子村墓内鸡腿坛内有粮食，可知鸡腿坛是多用的贮藏器。可能出于密封需要，在口缘之外加泥条作成凸唇或双唇。为了便于讨论，暂称唇向外侧凸出部分为唇棱。

鸡腿坛发现较多，敖包恩格尔墓、叶茂台 M7、韩佚墓、西窑村墓、陈国公主墓、水泉 M1、前海子村墓、清河门 M4、龟山 M1 等都有出土。

水泉 M1 出土 4 件，有 2 件为上粗下细，有 2 件是上下等粗（图十三），我们据此把鸡腿坛分为两型，即 A 型上粗下细，B 型上下等粗。

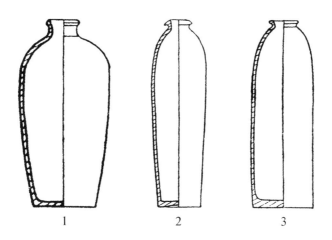

图十三　水泉 M1 出土鸡腿坛

（1、2. A 型　3. B 型）

（一）A 型

开泰七年（1018 年）陈国公主墓出土的鸡腿坛下腹壁直，比之稍晚的清河门 M4 所出者下腹壁略内凹，大河北乡所出带"大安七年"（1091 年）款的鸡腿坛和天庆六年（1116 年）张世卿墓壁画中的鸡腿坛都是下腹更细，状如鸡腿。可见 A 型的演变趋势是下腹壁逐渐收缩变细。敖包恩格尔墓所出两件下腹部直，其身饰篦纹，颈较高，宽唇棱，与其他鸡腿坛有别。所以，这两件年代可能早于其他鸡腿坛。

以此为线索，把 A 型鸡腿坛分为四式（图十四）：

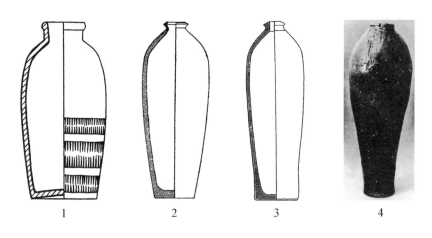

图十四　A 型鸡腿坛

1. 敖包恩格尔墓出土　2. 叶茂台 M7 出土　3. 清河门 M4 出土　4. 大河北乡出土
（1. Ⅰ式　2. Ⅱ式　3. Ⅲ式　4. Ⅳ式）

Ⅰ式：包括敖包恩格尔墓所出者。高颈，宽唇棱，体矮胖，下腹壁直，饰篦纹。陶质。

Ⅱ式：包括叶茂台 M7、西窑村墓、陈国公主墓和水泉 M1 所出者。矮颈，三角形唇棱，下腹仍较直。出现瘦高体。陶质极少，以缸胎、深色釉为多。

Ⅲ式：包括清河门 M4、商都前海子村墓所出者。矮颈，三角形唇棱，下腹近底处壁略内凹，底外张，瘦高体。

Ⅳ式：以龟山 M1 所出者为代表。颈几乎消失，三角形唇棱，下腹内收大，底外张，出现圈足。形体纤细，如鸡腿，难以自立。从张世卿墓和韩师训墓壁画上可以看到，Ⅳ式鸡腿坛是插入木架透孔内。

叶茂台 M7 在景圣之交，陈国公主墓在开泰七年（1018 年），水泉 M1 所出鸡冠壶为 C 型Ⅲ式，年代在圣宗晚期。因此，Ⅱ式的年代应在景圣时期。Ⅰ式比Ⅱ式早，且两者之间有缺环，Ⅰ式的年代应在辽初。清河门 M4 出土了Ⅰ式影青瓷碗和 Ba 型Ⅳ式鸡冠壶，年代亦应在圣宗后期到兴宗时期，所以Ⅲ式的年代约在圣宗后期到兴宗时期。凌源县大河北乡出土的Ⅳ式鸡腿坛有"大安七年"（1091 年）铭文①，在张世卿墓和韩师训墓的壁画中也有Ⅳ式鸡腿坛。龟山 M1 出土了圣宋元宝，也表明墓葬年代不会早于乾统元年（1101 年）。因此，Ⅳ式的年代约在道宗后期到天祚帝时期。

（二）B 型

B 型发现的数量少，已发表的见于统和二十九年（1011 年）的韩佚墓和圣宗晚期的水泉 M1、后刘东屯 M2。B 型口颈部都不相同，现在还难以分式。A 型上粗下细，对于等重的鸡腿坛来说，抱拿和倾倒都较 B 型为优②。B 型为大底，放置时则比 A 型平稳。A 型下身逐渐变细，是向着抱拿和倾倒方便的方向发展，但是下身越细，器体放置也就越不稳。B 型虽笨重些，但稳定性好，因而直到圣宗后期仍在使用。当 A 型发展到难以立稳时，人们便把它置于木座架内，这样就解决了便于抱拿和倾倒与稳定性差的矛盾。因而，A 型便取代了 B 型。从这一点分析，B 型的下限有可能到兴宗或道宗之初。

敖包恩格尔墓所出之 A 型Ⅰ式，其大底、粗重的特点与 B 型之上下等粗的鸡腿坛相近，那么，B 型有可能是从 A 型Ⅰ式中分化演变出来的。

---

① 刘莉：《凌源近年出土的几件陶瓷器及其相关问题的探讨》，《辽海文物学刊》1994 年第 2 期。

② 白沙 1 号宋墓壁画中有抱鸡腿坛者，参见宿白：《白沙宋墓》，文物出版社，1957 年，图版壹拾捌。

七、瓜棱罐

瓜棱罐是在圆鼓的器身之上安一较高的漏斗形口或盘形口，因腹有瓜棱纹而习称为瓜棱罐（有人称之为瓜棱壶）。泥质灰陶和泥质磨光黑陶均见，近底部常饰篦纹，通高在 15—30 厘米之间。

现按口部形式分为两型：

A 型：漏斗形口（图十五）。

B 型：盘形口（图十六）。

（一）A 型

目前出土 A 型瓜棱罐又有年代依据的墓有 3 座，即南皂力营子 M1、大横沟 M1、木头营子 M2。南皂力营子 M1 出土 A 型 I 式长颈壶，年代在辽初的太祖、太宗时期。大横沟 M1 出土 A 型 II 式长颈壶，约为世宗前后，晚于南皂力营子 M1。木头营子 M2 出土 B 型 I 式盏托，年代应在圣宗后期和兴宗时期。南皂力营子 M1 和大横沟 M1 所出者底径大小接近，而木头营子 M2 所出之底径甚小，所以我们把底鼓大者定为 I 式，把底小的定为 II 式。以此为分式标准，则三道壕墓、呼斯淖墓所出者都可归入 I 式。兴隆沟墓所出者可归入 II 式（图十五）。

I 式中，三道壕墓的年代争议最大。李庆发认为是辽代早期①，张柏忠断在北齐到隋文帝时代②，杨晶亦把它定在唐或唐以前③。各家均无过硬证据，多为疑似之词。三道壕墓的大口罐与海力板墓的形态相近，颈部不施纹的风格与南皂力营子 M1、安辛庄墓的大口罐相同，所以不会早到北齐、隋代。辽阳一带在唐代属于唐安东都护府，该地是农耕区，距放牧草原较远，契丹人不会在辽阳牧马。《辽史·太祖纪》载，神册三年（918 年）太祖

---

① 李庆发：《辽阳三道壕辽墓》，《辽宁文物》1981 年第 1 期。
② 张柏忠：《契丹早期文化探索》，《考古》1984 年第 2 期。
③ 杨晶、乔梁：《辽陶瓷器的分期研究》，《青果集——吉林大学考古专业成立二十周年考古论文集》，知识出版社，1993 年。

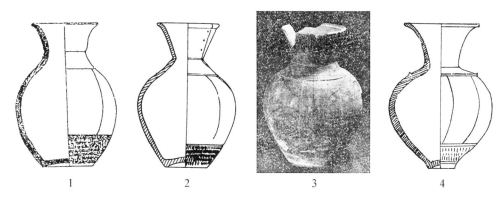

图十五　A型瓜棱罐

1. 三道壕墓出土　2. 南皂力营子 M1 出土　3. 木头营子 M2 出土　4. 兴隆沟墓出土

（1、2. Ⅰ式　3、4. Ⅱ式）

"幸辽阳故城"①，可知阿保机在来渤海之前已占据辽东要地。契丹人入居辽东一带应在唐政权解体后不久。所以，三道壕墓的年代定为辽初较妥。呼斯淖墓出土 A 型Ⅱ式鸡冠壶，年代约为世宗、穆宗时期。那么，Ⅰ式的流行年代当定在辽早期，Ⅱ式的年代定在圣宗时期。

（二）B 型

后刘东屯 M1 出土了 Da 型Ⅰ式鸡冠壶，年代在辽初至唐末。所出之瓜棱罐的底大，肩圆，口部的盘形较典型。沙子沟 M1 出土了 Bb 型Ⅰ式鸡冠壶，年代约在穆宗时期。所出之 B 型瓜棱罐，底小，肩鼓，口部之盘形不典型，接近碗钵之形。

依此，可将 B 型分为两式（图十六）：

Ⅰ式：包括后刘东屯 M1、乌日根塔拉墓、荷叶哈达墓、塔布敖包墓出土者。底大，肩圆，口部盘形典型。

Ⅱ式：包括沙子沟 M1、二八地 M1 出土者。底小，肩鼓较甚，口部盘形不典型，接近碗钵之形。

根据后刘东屯 M1 出土 Da 型Ⅰ式鸡冠壶判断，Ⅰ式的年代应在辽初，上

---

① 《辽史》卷一《太祖纪》，第 13 页。

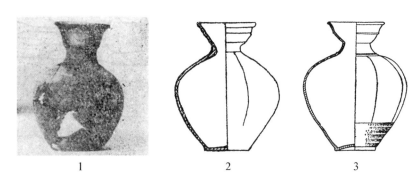

图十六　B 型瓜棱罐

1. 后刘东屯 M1 出土　2. 二八地 M1 出土　3. 沙子沟 M1 出土
（1. Ⅰ 式　2、3. Ⅱ 式）

限能推到唐。沙子沟 M1 出土 Bb 型Ⅰ式鸡冠壶、A 型Ⅲ式长颈壶，年代约在穆宗时期，那么 B 型Ⅱ式瓜棱罐的年代应在穆宗前后。

八、大口罐

大口罐的特征是口大于颈，颈大于底，口外堆贴泥条或拉坯而成的凸纹 1—5 条，夹砂陶质，纹饰分布在肩部以上，高度在 10—20 厘米之间。大口罐是契丹族习用之小型炊器。有的出土时还带有烟炱。该纹饰只分布在肩部以上，与其他各类陶器迥异，可能使用时，是把大口罐置于火上使用，下腹在灶膛内，故不施纹饰。

大口罐均有颈，为便于研究，我们暂以大口罐颈的内面向里最凸处为界，其上称为领部，其下称为身部。从领与身的比例看，有高领和矮领之分。高领中又有内侧面凹曲与平坦之分。现依这两项把大口罐分为三型：

A 型：高领，领内侧面凹曲（图十七）。

B 型：高领，领内侧面平坦（图十八）。

C 型：矮领（图十九）。

（一）A 型

南皂力营子 M1 出土 A 型Ⅰ式长颈壶，年代在辽初。安辛庄墓出土 C 型

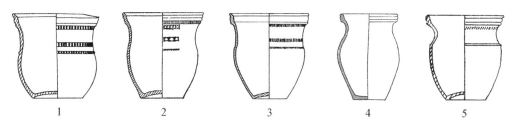

图十七　A 型大口罐

1. 南皂力营子 M1 出土　2. 乌斯吐墓出土　3. 安辛庄墓出土　4. 刘宇杰墓出土　5. 光明街 M3 出土
（1、2. Ⅰ式　3. Ⅱ式　4、5. Ⅲ式）

Ⅱ式鸡冠壶，年代在圣宗前期。刘宇杰墓出土墓志载，墓主于统和十八年（1000 年）下葬。三墓出土 A 型大口罐相较，南皂力营子 M1 所出者领上壁外倾，领和肩饰竖压纹，刘宇杰墓所出者领上部竖直，除口堆泥条外，无其他纹饰。而安辛庄墓出土者领壁与刘宇杰墓所出者相近，纹饰与南皂力营子 M1 出土者相同。

据此，把 A 型分为三式：

Ⅰ式：包括南皂力营子 M1、乌斯吐墓、塔布敖包墓、大横沟 M1 所出者。领部上壁外倾，纹饰较多。

Ⅱ式：以安辛庄墓出土者为代表。领部上壁竖直，纹饰仍较多。

Ⅲ式：以刘宇杰墓、光明街 M3 所出者为代表。领部上壁竖直，盘口明显，纹饰简化。

南皂力营子 M1 年代为辽初，大横沟 M1 年代在世宗前后，因此，Ⅰ式的年代约在辽早期，上限可入唐。安辛庄墓为圣宗前期，刘宇杰墓为圣宗统和十八年（1000 年），Ⅱ式又早于Ⅲ式，故暂定Ⅱ式年代约在圣宗前期。Ⅲ式光明街 M3 共出的白瓷瓜棱矮体罐见于宋代瓷窑址[1]，而共出的小口双系罐为辽晚金初之器[2]。所以，Ⅲ式的年代约为圣宗后期到辽末。

---

[1]　参见原发掘简报结语。

[2]　与此墓相似之小口双系罐见于辽末大同卧虎湾 M2，以及和林格尔县前瓦窑沟辽晚期的地层中，参见乌兰察布博物馆：《和林格尔县前瓦窑沟辽、金时代遗址》，《内蒙古文物考古文集》第一辑，中国大百科全书出版社，1994 年。

（二）B 型

海力板墓是世宗前后之墓。二林场墓出土 C 型 Ⅲ 式鸡冠壶，年代在圣宗后期。两座墓所出 B 型大口罐相较，前者为口较大，束颈深，底较小，口外附泥条两周，而后者则口较小，束颈浅，底较大，口外仅附泥条一周。

据此线索，可把 B 型分作三式（图十八）：

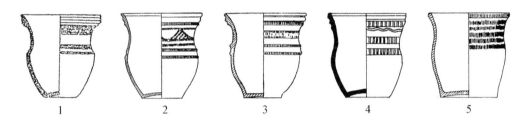

图十八　B 型大口罐

1. 三道壕墓出土　2. 荷叶哈达墓出土　3. 海力板墓出土　4. 沙家窑墓出土　5. 二林场墓出土
（1. Ⅰ 式　2—4. Ⅱ 式　5. Ⅲ 式）

Ⅰ 式：以三道壕墓所出者为代表。口大，底小，束颈深，口外附泥条四周。

Ⅱ 式：海力板墓、沙家窑墓、秦家沟墓、荷叶哈达墓所出者均属此式。底较大，束颈较深，口外附泥条二至三周。

Ⅲ 式：以二林场墓所出者为代表。底大，口径与底径相差小，束颈很浅，口外附泥条一周。

三道壕墓的时代约在辽初。但 Ⅰ 式陶大口罐流行的年代或可能进入晚唐。Ⅱ 式中海力板墓为世宗前后，Ⅱ 式的年代应在世宗前后或更宽泛些，在辽早期。Ⅲ 式的年代在圣宗晚期。

（三）C 型

C 型大口罐包括柳条沟 M1、虎吐路墓、孙家湾墓、光明街 M3 所出者。由于缺乏断代的可靠依据，难以分式。其中年代晚的光明街 M3 所出者为素面，而虎吐路墓、柳条沟 M1、孙家湾墓所出者都有竖压短纹，布局与 A 型 Ⅰ 式、B 型 Ⅰ 式相近，年代可能在辽代早期。

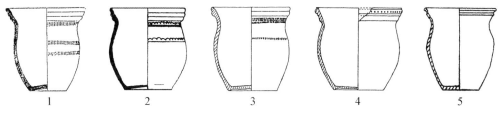

图十九　C 型大口罐
1. 柳条沟 M1 出土　2. 虎吐路墓出土　3、4. 孙家湾墓出土　5. 光明街 M3 出土

九、瓷盏托

辽墓中的盏托有五代和宋的输入品，也有辽地烧造的辽瓷。辽地烧造的盏托也是仿五代和宋的形制，变化规律相同。

为便于描述，暂把盏托分为托盘和托座两部分，托盘又分为盘壁、盘沿、盘底、盘足，托座又分为座圈、座底、座足。

辽墓盏托有两大类：一类是托盘有折沿，座圈极低矮（图二十）。虽然有的托座高大，甚至个别的托座上缘已高出托盘面，但其座圈仍极低，形如覆扣之圈足碗。另一类是托盘无折沿，座圈高大如钵，没有座足（图二十一）。现将前者定为 A 型，后者定为 B 型。

（一）A 型

A 型见于海力板墓、耶律延宁墓、耿知新墓、水泉 M1、前窗户墓、姜承义墓、清河门 M4 等。其中，海力板墓年代最早，为世宗前后，余为圣宗到兴宗时期。唯海力板墓所出两件都是座圈为凹槽式，托盘壁较直，只有竖沿壁，无平沿面，形态原始，所以把海力板墓所出者定为 I 式。

余为三种形式。水泉 M1、前窗户墓、耶律延宁墓所出土盏托，分别是托座低矮、托座较高、托座高出托盘的沿面。依逻辑推理，自应是依次发展演变。但是，统和四年（986 年）的耶律延宁墓比其他墓早，这可能是因为我们推测的只是其产生顺序，三者曾并存流行，考古发现则会偶然产生次序颠倒的现象。为谨慎起见，我们暂把这三种统归入 II 式中。II 式

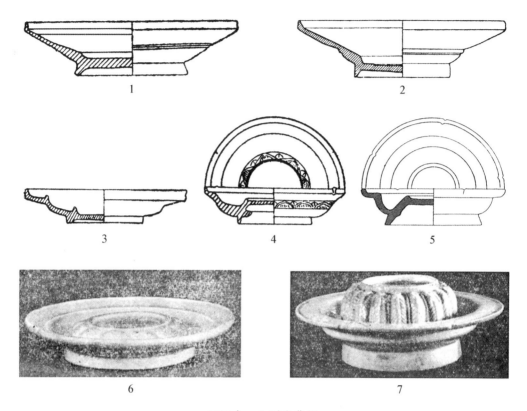

图二十　A 型瓷盏托

1、2. 海力板墓出土　3. 前窗户墓出土　4. 水泉 M1 出土　5. 清河门 M4 出土
6. 小吉沟墓出土　7. 耶律延宁墓出土
（1、2. Ⅰ式　3—7. Ⅱ式）

的共同特征是凸棱式座圈，有平沿面。

　　Ⅰ式流行于世宗前后，Ⅱ式为景宗到兴宗时期，以圣宗时最兴盛。

　　（二）B 型

　　B 型见于韩佚墓、北岭 M4、木头营子 M2、解放营子墓、清河门 M2、温多尔敖瑞山墓、巴图营子墓、萧府君墓、张世卿墓、马直温墓。

　　依形态不同，可分为两式（图二十一）：

　　Ⅰ式：包括木头营子 M2、韩佚墓和北岭 M4 所出者。托座较矮。一般托座上缘高出托盘上缘的部分不及托座高的三分之一，亦不及托盘高的四分之一。

　　Ⅱ式：包括解放营子墓、清河门 M2、温多尔敖瑞山墓、巴图营子墓、萧

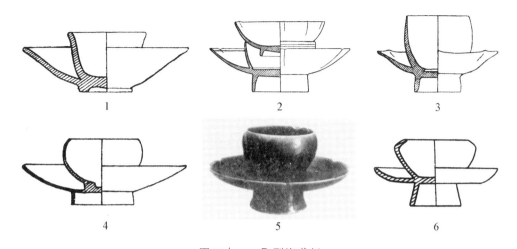

图二十一 B型瓷盏托

1. 北岭 M4 出土　2. 韩佚墓出土　3. 清河门 M2 出土　4. 温多尔敖瑞山墓出土
5. 巴图营子墓出土　6. 萧府君墓出土
（1、2. Ⅰ式　3—6. Ⅱ式）

府君墓、小刘仗子 M4、张世卿墓、马直温墓所出者。托座较高，一般托座
上缘高出托盘上缘的部分超过托座高的一半，超过盘高的三分之一。

　　Ⅰ式中的韩佚墓为统和二十九年（1011 年）。Ⅱ式中清河门 M2 为清宁三
年（1057 年），萧府君墓为咸雍八年（1072 年），马直温墓和张世卿墓则晚到
天庆年间。所以Ⅰ式年代约为圣宗后期，Ⅱ式年代约在道宗和天祚帝时期。

十、高足盏

　　高足盏是易于识别的一种瓷盏，它与 A 型盏托相配套使用，器高在 7 厘
米左右。

　　高足盏亦可分为两式（图二十二）：

　　Ⅰ式：以海力板墓和沙子沟 M1 所出者为代表。尖唇，敞口，深腹，喇
叭座。

　　Ⅱ式：以安辛庄墓和前窗户墓所出者为代表。厚唇外弯，深腹，喇叭座。

　　根据鸡冠壶的排序分析，海力板墓年代在世宗前后，沙子沟 M1 为穆宗
时期，因此Ⅰ式的年代约在世宗、穆宗时期。安辛庄墓出土 C 型Ⅱ式鸡冠

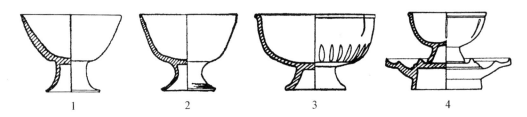

图二十二　高足盏

1. 海力板墓出土　2. 沙子沟 M1 出土　3. 前窗户墓出土　4. 安辛庄墓出土
（1、2. Ⅰ式　3、4. Ⅱ式）

壶，前窗户墓出土 C 型Ⅲ式鸡冠壶，因此可以把Ⅱ式的年代定在圣宗时期。

十一、盘口无柄注壶

此类壶高度在 25—30 厘米之间，以白釉瓷质常见。形似执壶，但无柄可执，使用时可能是执细颈或者双手捧持。其下身瘦长，与一般酒注不同。若是放入炉火中用于烧水，则体热而烫手，因此，也不是烧水壶和点茶之汤瓶。

叶茂台 M7、小吉沟墓、小塘土沟 M3、水泉 M1、张扛 M2、新地 M1 均有出土。

可分为三式（图二十三）：

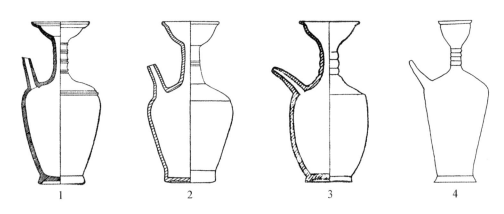

图二十三　盘口无柄注壶

1. 叶茂台 M7 出土　2. 水泉 M1 出土　3. 小塘土沟 M3 出土　4. 新地 M1 出土
（1. Ⅰ式　2、3. Ⅱ式　4. Ⅲ式）

Ⅰ式：包括叶茂台 M7 出土者。浅盘口，宽沿，鼓肩较甚，肩面近于水平，体较矮，肩部饰弦纹三道，肩面仰角为 15°。

Ⅱ式：包括水泉 M1、小吉沟墓、张扛 M2、小塘土沟 M3 所出者。盘口较深，窄沿，鼓肩，肩面下倾，体较矮，肩部饰弦纹二道或一道。水泉 M1 出土者肩面仰角为 30°。

Ⅲ式：包括新地 M1 出土者。深盘口，窄沿，肩面下倾大，体高，肩部无弦纹，肩面仰角为 35°。

Ⅰ式年代约在景圣时期。Ⅱ式中的水泉 M1 和小吉沟墓都共出了 C 型Ⅲ式鸡冠壶，年代约在圣宗后期。新地 M1 出土提梁鸡冠壶为 Db 型Ⅲ式，约为道宗中后期，所以Ⅲ式盘口无柄注壶的年代约在道宗中后期以后。

十二、带柄注壶

带柄注壶发现数量多，形态多样。其中有一类变化线索较为清楚，那就是柄的两端分别与颈和腹相连接的管颈瓷壶。

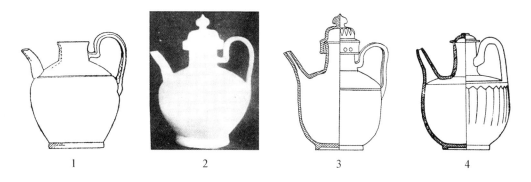

图二十四　带柄注壶

1. 海力板墓出土　2. 驸马墓出土　3. 前窗户墓出土　4. 北岭 M4 出土
（1、2. Ⅰ式　3、4. Ⅱ式）

这种壶在海力板墓、驸马墓、砶碌科墓、商家沟 M1、小吉沟墓、耿知新墓、水泉 M1、前窗户墓、北岭 M4、解放营子墓、营房村墓、囫囵村墓等都有出土。年代较早的海力板墓和驸马墓所出者都是下腹瘦削。砶碌科墓所出者下腹亦较瘦。其他墓年代较晚，除了小吉沟墓所出为圆腹外，其余正视图的轮廓线呈圆角方形。

所以，统分为两式（图二十四）：

Ⅰ式：包括海力板墓、驸马墓、砝碌科墓所出者。下腹瘦削。

Ⅱ式：包括水泉 M1、商家沟 M1、耿知新墓、北岭 M4、解放营子墓等所出者。下腹轮廓外鼓。

海力板墓为世宗前后，驸马墓为穆宗应历九年（959 年），砝碌科墓所出Ⅰ式盘口长颈瓶形态与驸马墓所出完全相同，两者都施以彩绘，所以Ⅰ式的年代约在世宗、穆宗时期。Ⅱ式中的商家沟 M1 为统和二十年（1002 年），水泉 M1、前窗户墓都有 C 型Ⅲ式鸡冠壶伴出，北岭 M4 出土 Da 型Ⅳ式鸡冠壶，解放营子墓出土 Db 型Ⅲ式鸡冠壶。因此，Ⅱ式的年代约在圣宗晚期以后。这类壶在圣宗时定型之后，变为宽阔的下腹，显然是利于温酒，故很少变化。

十三、分叉提梁注壶

分叉提梁注壶的造型特殊，其颈部提梁的前部为三股，后部合为一股；壶的顶面下凹，中央有孔；提梁前有流，下有圈足。此类瓷器上有分叉提梁，有碍于直接倾倒液体入孔，故设计顶面下凹，有如盘口，液体倾于顶面，而流入孔内。

分叉提梁壶发现较少。形态上有三种，第一种是绞索提梁上堆贴花片，周身雕花，腹最大径在腹中部或偏上，短直流。如赵匡禹墓、南林子墓所出，前者白釉雕蕉叶纹，后者白釉雕牡丹花纹。第二种是豪欠营 M6 所出 2 件，为绞索提梁，小枝叉前贴花片，白釉瓜棱腹，短直流，腹最大径偏下。第三种是圆状提梁，提梁上有划的菱状格纹，梁与腹的交接处贴花片，垂腹，瓜棱纹，曲流，见于塔虎城和义县文保所等①。从类型学角度分析，第二种的提梁和流与第一种同，而腹身与第三种同，所以是介于两者之间的过渡形式。第一种中赵

---

① 何明：《记塔虎城出土的辽金文物》，《文物》1982 年第 7 期；冯永谦：《新发现的几件辽代陶瓷》，《文物》1981 年第 8 期。

匡禹墓为道宗清宁六年（1060 年），第三种的塔虎城所出者，共出器物都是金代的遗物。因此，可确定演变的方向是由第一种演变为第二种，再演变为第三种。

所以，分叉提梁注壶可分为三式（图二十五）：

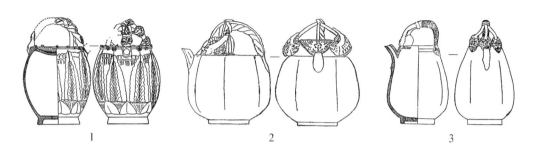

图二十五　分叉提梁注壶

1. 赵匡禹墓出土　2. 豪欠营 M6 出土　3. 塔虎城出土

（1. Ⅰ 式　2. Ⅱ 式　3. Ⅲ 式）

Ⅰ式：包括赵匡禹墓、南林子墓所出者。最大腹径居中，周身雕花，绞索梁，短直流。

Ⅱ式：包括豪欠营 M6 所出者。垂腹，瓜棱纹，提梁上仍贴较大的花叶，绞索梁，短直流。

Ⅲ式：包括塔虎城出土者等。垂腹，绞索梁演变成饰菱形格纹，曲流，花纹进一步简化，贴较小花片。

Ⅰ式年代约在道宗初之前。Ⅱ式年代应在Ⅰ式之后，可能在辽末金初。

十四、影青瓷碗

辽墓中出土的瓷碗多，窑口复杂，很难厘清各自的形式演变序列，只有影青瓷碗显现出较为清楚的演变规律。

辽墓中影青瓷碗依形态变化可分为三式（图二十六）：

Ⅰ式：包括耿延毅墓、水泉 M1、清河门 M4、清河门 M1 所出者。薄底矮足。

Ⅱ式：以清河门 M2 所出者为代表。厚底高足。

Ⅲ式：以萧府君墓、前勿力布格 M1 所出者为代表。薄底高足。

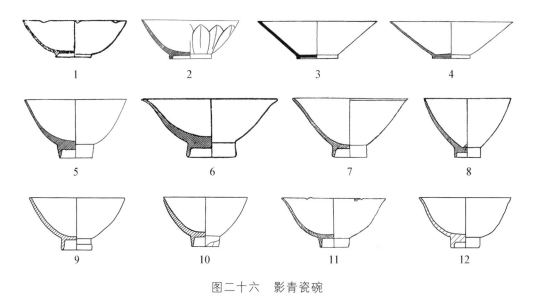

图二十六　影青瓷碗

1. 耿延毅墓出土　2. 清河门 M1 出土　3. 水泉 M1 出土　4. 清河门 M4 出土　5—8. 清河门 M2 出土　9、10. 萧府君墓出土　11、12. 前勿力布格 M1 出土

（1—4. Ⅰ 式　5—8. Ⅱ 式　9—12. Ⅲ 式）

　　Ⅰ 式中耿延毅墓，为圣宗开泰九年（1020 年），水泉 M1 出土的鸡冠壶与耿延毅墓同，年代亦相当。清河门 M1 约为兴宗重熙时期。因此，Ⅰ 式流行于圣宗晚期到兴宗时期。Ⅱ 式中的清河门 M2 为道宗清宁三年（1057 年），该墓出土了一批厚底高足影青瓷碗，反映了道宗初年时影青瓷的特点。前勿力布格 M6 仅出一件，该墓出土了圣宋通宝，为宋建中靖国元年（1101 年）所铸，相当于天祚帝乾统元年。因此这件器很可能是道宗早期流行器的遗留。Ⅲ 式中的萧府君墓在道宗咸雍八年（1072 年），前勿力布格 M1 的年代约在大康六年（1080 年）以后。因此，Ⅲ 式的年代应在咸雍八年以后。在景德镇湖田窑发掘品的排比分析中，碗的变化也是呈现出薄底矮足到厚底高足，再到薄底高足的变化[①]。因此，辽墓中呈现出的三式变化不是偶然的现象。

————————

　　①　刘新园：《景德镇湖田窑各期典型碗类的造型特征及其成因考》，《文物》1980 年第 11 期。

十五、双鱼铜牌饰

双鱼铜牌饰见于刘宇杰墓、二林场墓、大西沟 M1、前勿力布格 M3、M4。该类牌饰为双鱼合铸，背后有钉，鎏金铜质，唯大西沟 M1 出土者为铜质，未见鎏金，有背钉，可能已锈蚀脱落。最大的是前勿力布格 M4 出土的 2 件，长 8.8 厘米，宽 6.9 厘米；最小的是大西沟 M1 所出者，长 4.5 厘米，宽 3.3 厘米。

双鱼铜牌饰可分为四式（图二十七）：

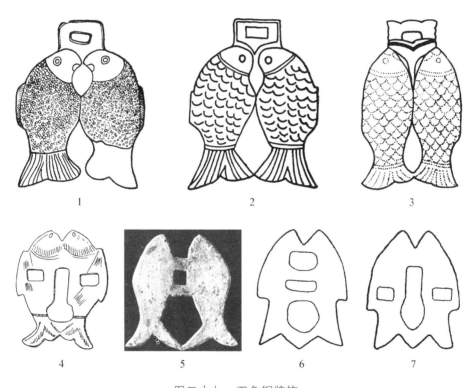

图二十七　双鱼铜牌饰

1. 刘宇杰墓出土　2. 上烧锅 M5 出土　3. 二林场墓出土　4. 前勿力布格 M4 出土
5. 前勿力布格 M3 出土　6、7. 大西沟 M1 出土
（1. Ⅰ式　2、3. Ⅱ式　4、5. Ⅲ式　6、7. Ⅳ式）

Ⅰ式：包括刘宇杰墓出土 1 件。写实形象；双眼圈线；有身尾的界线，均为单线，双尾不连接；头上部有柄穿。

Ⅱ式：包括二林场墓出土 2 件、上烧锅 M5 出土 1 件。写实形象，已开始简化；单眼圈线，有眼无珠；头身尾的界线均为双线，双尾连在一起；头上部仍有柄穿。

Ⅲ式：包括前勿力布格 M3 出土 2 件、M4 出土 3 件。进一步简化，成为图案式形象，无鳞，仍保留着鱼的形象；双尾相连，单线眼圈，身与头尾界线为双线，都表现了与Ⅱ式的渊源关系。

Ⅳ式：包括大西沟 M1 出土 5 件。完全图案式，失去鱼的形象；双尾相连，眼圈线和身与头尾的界线都消失。

刘宇杰墓为统和十八年（1000 年）。Ⅰ式的年代约在圣宗统和时期。二林场墓出土 C 型Ⅲ式鸡冠壶，年代为开泰、太平时期，而上烧锅 M5 的年代不详，该墓据报道出土了三彩长盘，其年代可能进入兴宗以后。Ⅱ式的年代约在圣宗开泰至兴宗时期。根据前勿力布格 M3 所出之宋代皇宋通宝，年代应在重熙中期之后，那么Ⅲ式的年代可能在兴宗重熙后期到道宗初。大西沟 M1 的年代可能在道宗时期。

十六、马鞍前桥包饰

辽墓出土马具形态早晚变化一向未被学界注意分析，而马鞍和马镫的变化较明显，线索清楚。

一般马鞍遗留下的是金属包片，其中前桥包片发表较多。二八地 M1、驸马墓、陈国公主墓、温多尔敖瑞山墓、骆驼岭墓、道尔其格墓等均有出土。

从视觉比较看，二八地 M1 和驸马墓所出的马鞍前桥饰片的顶部宽阔，上缘平或微鼓，下部外张大。陈国公主墓出土的两件马鞍前桥包饰片则顶部较窄，上缘微鼓，下部外张小。骆驼岭和温多尔敖瑞山的马鞍前桥包饰片顶部比陈国公主墓的更窄，上缘上鼓较甚，下部外张小。道尔其格墓出土木马鞍的鞍桥，与陈国公主墓的相同。

从鞍桥包饰片两脚尖的宽度与通高比值看，二八地 M1 和驸马墓所出者为 1.3 左右，陈国公主墓所出两件为 1.14 和 1，道尔其格墓所出者为 1.08，温多尔敖瑞山墓所出者为 1.06。骆驼岭墓所出者为 1。

　　从墓的年代看，驸马墓为穆宗应历九年（959 年），二八地 M1 出土的瓜棱罐与沙子沟 M1 的接近，也在穆宗前后。陈国公主墓为圣宗开泰七年（1018 年）。骆驼岭墓出土的鸡冠壶为 Db 型Ⅲ式，年代在道宗后期。温多尔敖瑞山墓所出影青瓷亦表明是道宗以后的墓。因此，鞍桥下部外张由大变小，顶部由平而渐隆，以及比值的由大变小，基本与年代由早向晚的推进是一致的。

　　所以，将其分为三式（图二十八）：

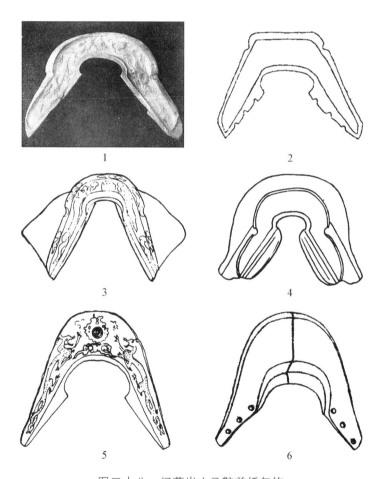

图二十八　辽墓出土马鞍前桥包饰

1. 驸马墓出土　2. 二八地 M1 出土　3. 陈国公主墓出土　4. 道尔其格墓出土
5. 温多尔敖瑞山墓出土　6. 骆驼岭墓出土
（1、2. Ⅰ式　3、4. Ⅱ式　5、6. Ⅲ式）

I式：以驸马墓、二八地 M1 所出者为代表。上端宽阔，上缘平或微鼓，下部外张大，脚尖宽度与通高比值较大。

II式：以道尔其格墓、陈国公主墓所出者为代表。上端较窄圆，上缘鼓度小，下部外张较小，脚尖宽度与通高比值较小。

III式：以骆驼岭墓、温多尔敖瑞山墓所出者为代表。上端更窄，上缘鼓，下部外张小，脚尖宽度与通高比值小。

I式年代约在穆宗及以前。II式年代约为圣宗时期。III式年代在道宗、天祚帝时期。

受辽代马鞍桥变化启发，我们对中国早期马鞍桥包片作了对比。属于公元 4 世纪的安阳孝民屯 M154[1] 和朝阳袁台子墓的马鞍前桥包片为上端宽阔、下端内收的倒梯形[2]。属于公元 5 世纪的集安万宝汀 M78、七星山 M96、禹山下 M41 的马鞍前桥包片两脚竖直，上端变窄[3]（图二十九）。由此可见，辽代鞍桥包片的变化是公元 4 世纪以来我国马鞍桥包片变化的继续。

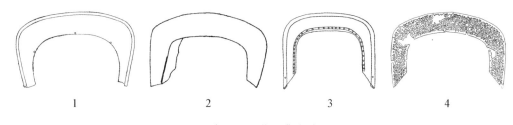

1　　　　　　　2　　　　　　　3　　　　　　　4

图二十九　早期马鞍桥包片

1. 孝民屯 M154 出土　2. 袁台子墓出土　3. 七星山 M96 出土　4. 万宝汀 M78 出土

十七、马镫

辽墓中马镫较常见。依形态可分三型：

---

① 中国社会科学院考古研究所安阳工作队：《安阳孝民屯晋墓发掘报告》，《考古》1983 年第 6 期。

② 辽宁省博物馆文物队等：《朝阳袁台子东晋壁画墓》，《文物》1984 年第 6 期。

③ 吉林省博物馆文物工作队：《吉林集安的两座高句丽墓》，《考古》1977 年第 2 期；集安县文物保管所：《集安县两座高句丽积石墓的清理》，《考古》1979 年第 1 期。

A 型：柄穿型。镫上部有扁平柄，柄上有穿孔。

B 型：梁穿型。镫上无柄，穿孔位于梁上。

C 型：环钮型。镫梁中部向上弯曲，形成环钮。

（一）A 型

A 型为辽马镫之大宗，皆为短柄（图三十）。

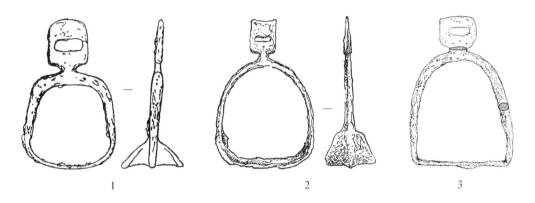

图三十　A 型马镫

1. 海力板墓出土　2. 前勿力布格 M3 出土　3. 高力戈 M13 出土

（1. Ⅰ式　2. Ⅱ式　3. Ⅲ式）

年代约在圣宗之前的呼斯淖墓、海力板墓、沙子沟 M1、驸马墓、巴扎拉嘎 M1 出土马镫，都是镫梁上部宽阔，整体近于圆角方形或半圆形。年代稍晚的开泰七年（1018 年）陈国公主墓所出两副马镫基本也是梁上部宽阔的。年代在开泰、太平年间的北岭 M1 出土的马镫则是梁上部变得较窄，整体如梯形。年代在兴宗重熙晚期以后的前勿力布格 M3 出土的马镫则上部更窄，近于三角形。

Ⅰ式：包括南皂力营子 M1、海力板墓、驸马墓、巴扎拉嘎 M1、沙子沟 M1、陈国公主墓、清河门 M4 等墓出土者。上部宽阔，矮身，踏板略弯。

Ⅱ式：包括北岭 M1、后刘东屯 M2、前勿力布格 M3、长岗墓等出土者。上部窄，踏板略弯。

Ⅲ式：包括高力戈 M13 出土者。踏板平直。

Ⅰ式马镫流行于辽初到圣宗时期，个别晚到兴宗时期。Ⅱ式流行于圣宗晚期以后。Ⅲ式马镫少见，其踏板平直特征与黑龙江省阿城金墓所出活柄马镫相同①，所以其年代约在辽末。

（二）B型

梁穿型马镫在辽墓中很少见。已报道的仅有梁援墓、温多尔敖瑞山墓（图三十一，1）、温家屯 M2 出土的 3 例。

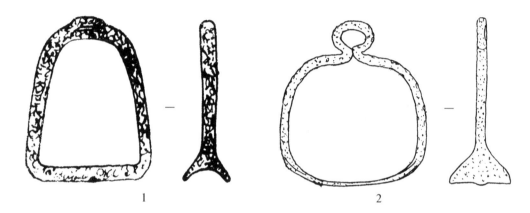

图三十一　B 型、C 型马镫

1. 温多尔敖瑞山墓出土　2. 小塘土沟 M2 出土
（1. B 型　2. C 型）

梁援墓为乾统元年（1101 年）。从温多尔敖瑞山墓出土的影青瓷碗和马鞍分析，其年代应在道宗后期和天祚帝时期。温家屯 M2 出土的喇叭口圈足长颈瓶亦见于年代较晚的巴图营子墓、北岭 M3。所以，B 型马镫的年代应在辽道宗晚期至辽末。

B 型马镫在辽代很少见，但却是金元马镫的基本形制，仅在阿城双城村金墓中就出土了 23 只梁穿马镫，克东县金蒲峪路城也出土这样的马镫②。A

---

① 阎景全：《黑龙江省阿城市双城村金墓群出土文物整理报告》，《北方文物》1990 年第 2 期。

② 黑龙江省文物考古研究所：《黑龙江克东县金代蒲峪路故城发掘》，《考古》1987 年第 2 期。

型马镫在金元时期基本不见。因此，辽代晚期正值马镫由有柄向无柄转化的过渡时期。马镫在晋和北朝时是长柄的，唐、辽时已变为短柄，辽晚期出现无柄梁穿形式，马镫的这种变化，正是向不断增进灵活性发展的。

（三）C 型

曲梁成环钮的马镫发现甚少。小塘土沟 M2（图三十一，2）和西水地墓有出土。前者年代不详，后者共出 A 型 I 式陶瓜棱罐，年代应在辽早期。这种马镫见于靺鞨①，金墓中也有发现②。所以，C 型马镫继承了靺鞨马镫。

十八、锦纹铜镜

辽墓出土的铜镜中，锦纹铜镜能看出有早晚变化。这是一种仿织锦花纹的铜镜。可分为二式（图三十二）：

I 式：钮外有一周联珠纹，方栏纹构成复杂。有两种形式，A 种是锦地纹内开方栏，方栏内的主题纹饰是蝴蝶、圆圈等多重纹饰，如驸马墓、后刘东屯 M1、西水地墓、巴扎拉嘎 M1 所出者。B 种是方栏内的主题纹饰是另一种锦纹，如大横沟 M1 所出者。

II 式：钮外的联珠纹消失，方栏简单，纹饰简化。亦有 A、B 两种形式，耿知新墓和北岭 M1 所出者为 A 种，西山洼 M3 所出者为 B 种。

I 式中的驸马墓为应历九年（959 年），后刘东屯 M1、西水地墓和大横沟 M1 共出的鸡冠壶、瓜棱罐、长颈壶为辽代早期之物，因此，I 式的年代约在穆宗及其以前。II 式中耿知新墓为太平七年（1027 年），北岭 M1 出土 C 型 III 式鸡冠壶，年代亦在开泰、太平时期。西山洼 M3 有可能是刘日泳长子刘从敏墓，其年代应在兴宗重熙十五年（1046 年）以前不久。故 II 式的年代约在圣兴时期。

---

① 陈家槐：《吉林永吉杨屯大海猛遗址》，《考古学集刊》第 5 集，中国社会科学出版社，1987 年；谭英杰、赵虹光：《靺鞨故地上的探索》，《北方文物》1990 年第 2 期。

② 阎景全：《黑龙江省阿城市双城村金墓群出土文物整理报告》，《北方文物》1990 年第2 期。

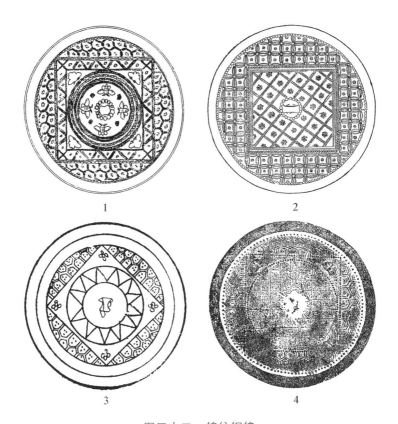

图三十二　锦纹铜镜

1. 西水地墓出土　2. 大横沟 M1 出土　3. 北岭 M1 出土　4. 西山洼 M3 出土
（1、2. Ⅰ式　3、4. Ⅱ式）

第二节　分 期 研 究

前述各类辽墓出土遗物的型式存在时段列表如下（表一）。

表一大致可分为三期，即穆宗以前为早期，景宗到兴宗为中期，道宗到天祚帝为晚期。每期内亦可划分小的时段：1 段为辽初，约在太祖和太宗前期；2 段在太宗后期到穆宗时期；3 段在景宗到圣宗前期；4 段在圣宗后期；5 段在兴宗时期；6 段在道宗时期；7 段在天祚帝时期。

根据墓志、前文的型式排比和期段的划分，并参照其他条件，推断出已公布的较重要辽墓的年代（表二）。

世系	纪
太祖	称帝 神册 天赞
太宗	天显 会同
世宗 穆宗	大同/天 应历
景宗	保宁 乾亨
圣宗	统和 开泰 太平
兴宗	景福 重熙
道宗	清宁 咸雍 大康 大安 寿昌
天祚	乾统 天庆 保大 亡

表二　重要辽墓年代表

序号	墓　葬	主要断代遗物的型式	其他主要断代依据	年　代
1	后刘东屯 M1	Da 型 I 式鸡冠壶		1 段
2	白玉都墓	Da 型 I 式鸡冠壶		1 段
3	敖包恩格尔墓	A 型 I 式鸡腿坛		太祖、太宗
4	南皂力营子 M1	A 型 I 式长颈壶		1 段
5	乌日根塔拉墓	B 型 I 式长颈壶 B 型 I 式瓜棱罐		1 段
6	荷叶哈达墓	B 型 I 式瓜棱罐		1 段
7	塔布敖包墓	B 型 I 式瓜棱罐		1 段
8	宝山 M1		题记	天赞二年（923 年）
9	宝山 M2		墓室结构与壁画风格同上	与 M1 相当
10	耶律羽之墓		墓志	会同四年（941 年）
11	巴彦琥绍墓	B 型 II 式长颈壶 C 型 I 式长颈壶		太宗、世宗
12	海力板墓	Ba 型 I 式鸡冠壶 Da 型 II 式鸡冠壶		世宗前后
13	呼斯淖墓	A 型 II 式鸡冠壶		2 段
14	余粮堡墓	A 型 II 式鸡冠壶		2 段
15	西水地墓	A 型 I 式瓜棱罐 I 式铜镜		早期
16	上烧锅 M1	Da 型 II 式鸡冠壶		世宗前后
17	驸马墓		墓志	应历九年（959 年）
18	沙子沟 M1	Bb 型 I 式鸡冠壶		穆宗
19	大横沟 M1	A 型 II 式长颈壶		世宗前后

序号	墓　葬	主要断代遗物的型式	其他主要断代依据	年　代
20	巴扎拉嘎 M1	Da 型 Ⅲ 式鸡冠壶 Bb 型 Ⅱ 式鸡冠壶		3 段
21	广德公墓	C 型 Ⅰ 式鸡冠壶 Da 型 Ⅲ 式鸡冠壶		3 段
22	叶茂台 M7	C 型 Ⅰ 式鸡冠壶	定窑金釦"宫"字款碗	景圣之交
23	圐囵村墓	C 型 Ⅱ 式鸡冠壶		圣宗前期
24	耶律延宁墓		墓志	统和四年（986 年）
25	刘宇杰墓		墓志	统和十八（1000 年）
26	商家沟 M1		墓志	统和二十年（1002 年）
27	王悦墓		墓志	统和二十三年（1005 年）
28	韩相墓		墓志	开泰六年（1017 年）
29	陈国公主墓		墓志	开泰七年（1018 年）
30	耿延毅墓		墓志	开泰九年（1020 年）
31	前窗户墓	C 型 Ⅲ 式鸡冠壶		圣宗后期
32	水泉 M1	C 型 Ⅲ 式鸡冠壶		圣宗后期
33	小吉沟墓	C 型 Ⅲ 式鸡冠壶		圣宗后期
34	张家营子墓	C 型 Ⅲ 式鸡冠壶		圣宗后期
35	张扛 M2	C 型 Ⅲ 式鸡冠壶		圣宗后期
36	北岭 M1	C 型 Ⅲ 式鸡冠壶		圣宗后期
37	道尔其格墓	Bb 型 Ⅲ 式鸡冠壶 Ⅱ 式鞍		圣宗后期
38	上烧锅 M4	C 型 Ⅲ 式鸡冠壶		圣宗后期
39	二林场墓	C 型 Ⅲ 式鸡冠壶		圣宗后期

续　表

序号	墓　葬	主要断代遗物的型式	其他主要断代依据	年　代
40	上芦村墓	C 型 III 式鸡冠壶 I 式凤首瓶		圣宗
41	耿知新墓		墓志	太平七年（1027 年）
42	李知顺墓		墓志	太平八年（1028 年）
43	萧仪墓		墓志	太平九年（1029 年）
44	清河门 M4	A 型 III 式鸡腿坛 Ba 型 IV 式鸡冠壶 I 式影青瓷碗		圣宗末到兴宗时期
45	木头营子 M1	Db 型 I 式鸡冠壶	壁画人物的组织、门拱半环形纹与耿延毅、耿知新墓同	圣宗晚期
46	圣宗陵		《辽史》、哀册	景福元年/太平十一年（1031 年）
47	赵为干墓		墓志	重熙八年（1039 年）
48	木头营子 M2	B 型 I 式盏托		兴宗时期
49	清河门 M1	Db 型 II 式鸡冠壶 I 式影青瓷碗	墓志	圣宗末到重熙十三年（1044 年）
50	大营子 M3	Db 型 II 式鸡冠壶		重熙年间
51	北岭 M4	Da 型 IV 式鸡冠壶		兴宗
52	西山村 M4	Da 型 IV 式鸡冠壶		兴宗
53	查干坝 M11	Da 型 IV 式鸡冠壶		兴宗
54	秦晋国大长公主墓		墓志、《辽史》记其夫在开泰五年（1016 年）仍任上京留守	开泰后期至重熙十五年（1046 年）以前
55	前勿力布格 M3		皇宋通宝、白瓷莲花纹盖罐与耿延毅墓所出者相近	重熙后期

续 表

序号	墓 葬	主要断代 遗物的型式	其他主要 断代依据	年 代
56	清河门 M2		墓志	清宁三年（1057 年）
57	赵匡禹墓		墓志	清宁六年（1060 年）
58	萧府君墓		墓志	咸雍八年（1072 年）
59	耶律仁先墓		墓志	咸雍八年（1072 年）
60	解放营子墓	Db 型Ⅲ式鸡冠壶		道宗早期
61	萧德温墓		墓志	大康元年（1075 年）
62	北岭 M3	Db 型Ⅲ式鸡冠壶		道宗
63	骆驼岭墓	Db 型Ⅲ式鸡冠壶		道宗
64	前勿力布格 M1		大康六年压胜钱	大康六年（1080 年）以后
65	白塔子墓		大康七年墓幢	大康七年（1081 年）
66	新地 M1	Db 型Ⅲ式鸡冠壶		道宗
67	乌兰哈达墓	Da 型Ⅴ式鸡冠壶		道宗
68	柴达木墓	Da 型Ⅴ式鸡冠壶		道宗
69	北三家 M1		发式、墓葬形制	道宗
70	北三家 M3		归来图、发式、墓葬形制	道宗
71	萧孝忠墓		墓志	大安五年（1089 年）
72	萧袍鲁墓		墓志	大安六年（1090 年）
73	邓中举墓		墓志	寿昌四年（1098 年）
74	尚時墓		墓志	寿昌五年（1099 年）
75	梁援墓		墓志	乾统元年（1101 年）
76	嘎斯营子 M1			寿昌以后
77	嘎斯营子 M2		“寿昌” 陶片	寿昌以后

序号	墓　葬	主要断代 遗物的型式	其他主要 断代依据	年　代
78	范仗子 M101	Ⅲ式凤首瓶		道宗后期
79	小刘仗子 M2	Ⅲ式凤首瓶		道宗后期
80	小刘仗子 M1		凤首瓶之凤首消失	道宗后期、天祚帝
81	小刘仗子 M3		三彩圆盘与 M1、 M4 同	道宗后期、天祚帝
82	小刘仗子 M4		凤首瓶之凤首消失	道宗后期、天祚帝
83	温家屯 M2	B 型马镫	喇叭口长颈瓶与 北岭 M3、巴图营 子墓所出者同	晚期
84	豪欠营 M6	Ⅱ式分叉提梁注壶		道宗后期
85	二八地 M1	B 型Ⅱ式瓜棱罐		穆宗前后
86	龟山 M1	A 型Ⅳ式鸡腿坛	圣宋元宝	乾统元年（1101 年） 以后
87	龚祥墓		墓志	乾统四年（1104 年）
88	萧义墓		墓志	天庆二年（1112 年）
89	山嘴子 M1		墓志	天庆五年（1115 年）
90	温多尔敖瑞山 墓	B 型马镫 Ⅲ式马鞍		道宗晚期以后
91	前勿力布格 M6		圣宋通宝	乾统元年（1101 年） 以后
92	前勿力布格 M2		壁画云纹	天祚帝时期
93	大西沟 M1	Ⅳ式双鱼铜牌饰		道宗时期
94	叶茂台 M19	Ⅲ式影青瓷碗		道宗晚期以后
95	长岗墓		崇宁重宝	乾统四年（1104 年） 以后

序号	墓　葬	主要断代遗物的型式	其他主要断代依据	年　代
96	三道壕墓	A 型 I 式瓜棱罐 B 型 I 式大口罐		太宗时期
97	李进墓		石棺题记	开泰四年（1015 年）
98	孙允中墓		石棺题记	开泰七年（1018 年）
99	柳条湖墓（张宁墓）		石幢	清宁二年（1056 年）
100	大林子墓（王蒪妻高氏墓）		石棺题记	寿昌二年（1096 年）
101	巴图营子墓	Db 型 III 式鸡冠壶		道宗时期
102	南林子墓	I 式分叉提梁注壶		道宗时期
103	石板村墓		墓葬形制	晚期
104	峦峰墓		孝子故事图	天祚帝金初
105	凤凰顶墓		孝子故事图	天祚帝金初
106	金厂墓		孝子故事图	天祚帝金初
107	汪家峪墓		孝子故事图	天祚帝金初
108	赵德钧墓		墓志、《旧五代史》	后晋天福二年至辽应历八年（937—958 年）
109	西翠路墓		唐钱、绳纹砖	早期（？）
110	韩佚墓		墓志：韩佚统和十三年（995 年）薨，丁酉年葬，妻二十九年（1011 年）葬	统和十五年至统和二十九年（997—1011 年）
111	安辛庄墓	C 型 II 式鸡冠壶		圣宗前期
112	锦什坊街墓	Db 型 I 式鸡冠壶		圣宗后期
113	海王村墓	C 型 III 式鸡冠壶		圣宗后期

续　表

序号	墓　葬	主要断代遗物的型式	其他主要断代依据	年　代
114	王泽墓		墓志	重熙二十二年（1053 年）
115	洪茂沟墓		墓志	咸雍五年（1069 年）
116	彭庄 M1		祥符钱	兴宗以后
117	马直温墓		墓志	天庆三年（1113 年）
118	百万庄 M1		墓志	天庆三年（1113 年）
119	陈庄墓		宣和通宝	天祚末金初
120	姜承义墓		墓志	统和十二年（994 年）
121	冷冻厂墓			晚期
122	谭庄 M1		墓志	统和年间
123	韩师训墓		墓志	天庆元年（1111 年）
124	张世卿墓		墓志	天庆六年（1116 年）
125	张世古墓		墓志	天庆七年至保大三年（1117—1123 年）
126	张恭诱墓		墓志	天庆七年（1117 年）
127	张世本墓		墓志	辽大安九年至金皇统四年（1093—1144 年）
128	许从赟墓		墓志	乾亨四年（982 年）
129	卧虎湾 M5		买地券	大安九年（1093 年）
130	卧虎湾 M3		真言碑、石棺题记	寿昌二年至乾统七年（1096—1107 年）
131	新添堡 M29		墓志	天庆九年（1119 年）
132	卧虎湾 M1		壁画与 M5、M3 同	晚期

序号	墓　葬	主要断代 遗物的型式	其他主要 断代依据	年　代
133	十里铺 M27		壁画与 M5、M3 同	晚期
134	卧虎湾 M2		壁画与 M5、M3 同	晚期
135	卧虎湾 M4		壁画与 M5、M3 同	晚期
136	卧虎湾 M6		壁画与 M5、M3 同	晚期

第三章

辽墓族别研究

辽是一个多民族的国家，在由契丹族领导的政权下，各州县部族中生活着契丹、汉、渤海、奚和其他各族。

目前已发现的辽墓，据墓志可确定墓主族别的，只有契丹和汉两种。因而过去研究者的注意力多集中于区别契丹墓和汉人墓，对辽国境内其他诸族墓葬的识别和专门研究刚刚起步①，存在着大量空白。从目前公布的考古资料和研究现状出发，本章也仅讨论契丹和汉人墓葬上的民族差异，其他各族墓葬的确认，尚有待于发掘资料进一步积累，考古新发现提供更有力的依据，这仍是今后辽墓考古中应予特殊重视的课题。

以往对辽墓中契丹墓的识别，是根据墓志记载判断，总结这些墓的特征，可以得出若干判定契丹墓的标准。例如，1949 年前发现的庆陵壁画中已见到大量髡发人物像，故提出有髡发人物壁画的墓均为契丹墓②；由于驸马墓、萧孝忠墓等契丹墓都出土鸡冠壶，提出鸡冠壶是判断契丹墓的最"权威"的器物③。对汉人墓葬的确认也是以有墓志的墓为出发点的④。这样的研究出发点无疑是正确的。但是，由于各族在文化上相互吸收、渗透，以及其他的社会原因，在判定辽墓墓主的族别时，并不能简单化地用单项的文化特征作为判别标准。例如，20 世纪 60 年代发现的韩相墓、70 年代发掘的耿延毅墓和耿知新墓也都出土鸡冠壶。在耿延毅墓和 80 年代发掘的韩师训墓、新近发掘的张世古墓中，墓壁亦绘有较多的髡发人物。可见，单凭某一项文化特征来判定墓主族

---

① 孙秀仁、干志耿提出黑龙江绥滨三号等墓地是辽代女真人中的五国部墓葬，参见:《论辽代五国部及其物质文化特征——辽代五国部文化类型的提出与研究》,《东北考古与历史》第一辑，文物出版社，1982 年。项春松提出赤峰地区有木作结构的墓葬可能属奚族，见《赤峰市郊区发现的辽墓》,《北方文物》1991 年第 3 期。赵越提出西乌尔珠墓为室韦族墓，见《论呼伦贝尔发现的室韦遗迹》,《内蒙古文物考古文集》第一辑，中国大百科全书出版社，1994 年。

② 李逸友:《略论辽代契丹与汉人墓葬的特征和分期》,《中国考古学会第六次年会论文集》,文物出版社，1990 年，第 189 页。

③ 项春松:《昭盟地区的辽代墓葬》,《内蒙古文物考古》创刊号，1981 年，第 77 页。

④ 项春松:《昭盟地区的辽代墓葬》,《内蒙古文物考古》创刊号，1981 年，第 77 页。

别是不行的。而且，耿延毅墓不但出土鸡冠壶，壁画绘有髡发人物，还出土了银丝网络，使用木构小帐（棺室），具有多项符合契丹墓标准的文化特征，如果该墓不出土墓志，单从考古遗存判断无从得知墓主是仍保持汉姓的汉人。

因此，要区分大量的无墓志的辽墓是契丹墓还是汉人墓，应该对每座墓的多方面文化特征作全面考察和整体性的评估，也就是说，就每座墓所具有的契丹文化因素和汉文化因素的多寡及主次地位作综合分析，才能进行较确切的分类，但由此得出的分类结果，与墓主实际的族属仍不能完全等同。所以，从考古学文化的角度来看，我们实际能得到的分类结果仍是"契丹式墓"和"汉式墓"，它虽能大体上反映墓主的族别，但每墓墓主的实际族属需就具体情况具体讨论。

基于上述考虑，我们按"契丹式墓"和"汉式墓"把已公布的辽墓进行全面分类，并将诸墓的主要文化特征列表如下（表三、表四）。有一部分辽墓因破坏颇甚，壁画和随葬品残存者甚少，无法确定其分类；还有些小墓，无随葬品或不能提供任何分类的依据，则一概从略。

契丹式墓和汉式墓的主要区别如下：

一、葬式

契丹墓几乎全是尸骨葬。汉式墓则以火葬最为流行。这反映了两类墓主人对于处理遗体有着截然不同的态度。

张世卿墓志记载，墓主亡后，"遗命依西天荼（茶）毗礼，毕，得头骨与舌，宛然不灭"。龚祥墓志言，墓主"亡始未旬，有二妇人所梦皆同，见祥秉炉鲜服，处道场中。回翔举步，皆金莲捧足，言曰：'余得生净土矣！'告讫，乃隐隐正西而去"。可见，汉式墓流行火葬，是因墓主信佛，遂火化躯体以求灵魂升入西天极乐世界。

契丹式墓则竭力于保存亡者的躯体和容貌，似乎是为了使死者如生时一样在阴间生活。砵磔科墓发现了尸体用水银防腐的证据。辽代中晚期流行随葬金属面具，容貌各不相同，当是依墓主生容打造，以使亡者容颜永存。金属网络的作用诸家见解不一，笔者认为其作用应和面具联系在一起考虑。从

表三 契丹式墓

墓 葬	木护墙	葬 具	葬 法	壁画/棺画	随 葬 品		文字资料
宝山 M1		木帐		备马图、宴饮图、女侍男侍图、故事图	金饰	金银食具、金耳饰、辽陶瓷、陶器	题记："大少君次子"
耶律羽之墓				云鹤图、门神图		马具、玛瑙串饰、瓷器、陶器	汉文墓志
张扛 M1		木棺	尸骨葬			马具、兵器、辽陶瓷	
白玉都墓			女骨			金银饰、马具、兵器、玛瑙串饰、辽陶瓷、羊骨	
南皂力营子 M1		木质葬具	女骨			玛瑙串饰、骨刷、羊骨、辽陶器	
敖包恩格尔墓		木棺				铜耳饰、串饰、辽陶器	
三道壕墓			男骨			马具、兵器、辽陶瓷	
余粮堡墓			男骨			马具、玛瑙串饰、辽陶器	
巴彦塔拉绍墓			男女合葬			马具、兵器、金银食具、玛瑙等串饰、骨刷、鹿角器	
驸马墓	木护墙	木帐	尸骨葬 2人			马具、兵器、砺石、辽陶瓷、狗头骨	
海力板墓		木棺	尸骨葬 2男1女			马具、兵器、砺石、金耳饰、玛瑙串饰	
沙子沟 M1							

续　表

墓　葬	木护墙	葬　具	葬　法	壁画/棺画	随　葬　品	文字资料
后刘东屯 M1			尸骨葬		马具、金耳饰、辽陶瓷、玛瑙串饰	
呼斯淖墓			男骨		辽陶瓷、马具、兵器、玛瑙串饰	
荷叶哈达墓					辽陶瓷、兵器、羊骨、羊角	
叶茂台 M7		木帐 石棺	女骨	射猎图、启门图、侍者图	辽陶瓷、马具、玛瑙串饰	
耶律延宁墓		木帐（?） 石棺			辽陶瓷	契丹文与汉文墓志
大横沟 M1			男骨		辽陶瓷、马具、兵器	
巴扎嘎 M1		木帐（?）			辽陶瓷、马具、兵器、银食具、玛瑙串饰、砺石	
上烧锅 M1			女头骨扎缠 男头骨 木盒骨灰	放牧图	辽陶瓷、马具、兵器、琉璃串珠	
二八地 M1		石棺	尸骨葬 1男	放牧图、备马图、卓帐图	辽陶瓷、金耳饰、银食器、马具、兵器、玛瑙串饰	
泉巨涌墓		木帐			马具、兵器、玛瑙饰、琉璃饰	
广德公墓		木帐			辽陶瓷、马具、玛瑙串饰	

续　表

墓　葬	木护墙	葬　具	葬　法	壁画/棺画	随　葬　品	文字资料
圆图村墓					辽陶瓷、马具、兵器、骨刷、砺石、白石串饰	
安辛庄墓			尸骨葬		辽陶瓷、马具、兵器、角饰	
陈国公主墓	木护墙	金面具、银网络	尸骨葬1男1女	备马图、侍者图	辽白瓷、马具、兵器、金饰、琥珀与玛瑙串饰、羊骨	汉文墓志
前窗户墓	木护墙	屋形石棺、金冠	尸骨葬1女		辽白瓷、兵器、琥珀串饰、耳坠、羊牙	
前勿力布格 M3					辽瓷、马具、玛瑙饰、绿松石串饰	
前勿力布格 M4					辽瓷、马具、玛瑙饰	
白脑包墓					辽陶瓷、马具	
后刘东屯 M2		金冠	尸骨葬1男1女		辽瓷、马具、兵器、砺石、鹿角器	
水泉 M1		石棺	尸骨葬		辽瓷、马具	
小吉沟墓		金冠	尸骨葬		辽瓷、马具、银食具	
木头营子 M1					辽陶瓷、马具、银食具、鹿骨	
木头营子 M2				家内生活	辽陶瓷、马具、兵器、砺石、水晶饰、玛瑙串饰、金耳环	

续　表

墓　葬		葬　具	葬　法	壁画/棺画	随　葬　品	文字资料
砀碌窠科墓	木护墙				辽瓷、金耳环、琥珀串饰、玛瑙串饰	
北岭 M4	木护墙	木棺	男骨		辽陶瓷、马具、兵器、骨刷	
秦晋国大长公主墓						汉文墓志
张扛 M2		石帐		兔、狐、犬等	辽陶瓷、兵器、串饰	
张扛 M3					辽瓷、兵器、玛瑙串饰	
清河门 M2	木护墙	铜网络		出行图	辽瓷	
清河门 M4	木护墙	银面具			辽瓷	契丹文墓志
大窝铺墓	木护墙	铜网络	1男1女		辽瓷、琥珀饰、水晶饰	
查干坝 M11	木护墙	木围栏、木棺	尸骨葬 1男1女		辽瓷、马具	
萧德温墓	木护墙	面具、铜网络		故事图	辽瓷、装饰品、宋瓷	墓志
耶律仁先墓	木护墙			侍者图	辽瓷	墓志
巴图营子墓	木护墙	金冠、面具、网络			辽瓷、琥珀串饰、玛瑙串饰	
北岭 M1	木护墙	面具、靴底	尸骨葬			

续　表

墓　葬		葬　具	葬　法	壁画/棺画	随　葬　品	文字资料
张家营子墓	木护墙	金冠	尸骨葬		辽陶瓷、马具、兵器、银食具、金耳环、羊骨	
二林场墓		木帐木棺	尸骨葬		辽陶瓷、马具、兵器	
上烧锅 M4			尸骨葬1男1女		辽陶瓷、金耳环	
大西沟 M1		铜网络	尸骨葬1男1女		辽陶瓷、马具、兵器、琉璃与琥珀串饰	
清河门 M1	木护墙		尸骨葬1男1女		辽陶瓷、水晶饰、琥珀饰	汉文墓志
圣宗陵		木帐		主室四季捺钵风光图，人物以契丹人占绝大多数		哀册
前勿力布格 M1	木护墙		尸骨葬	出行归来图、山石野兽图	辽瓷、马、野猪、鸡骨、兔骨、朱瓷	
萧袍鲁墓	木护墙		尸骨葬1男1女		马具、兵器、羊骨架、牛骨、马牙	汉文墓志
龟山 M1	木护墙		火葬		辽瓷、银食具、兵器、朱瓷	
新地 M1	木护墙	铜面具			辽瓷、银食具	

续　表

墓　　葬		葬　具	葬　法	壁画/棺画	随　葬　品		文字资料
骆驼岭墓	木护墙	铜网络			辽瓷、马具		
萧义墓				驼车出行图、仪仗图			
解放营子墓	木护墙	铜面具靴垫	尸骨葬1男1女	驼车出行图、契丹人宴饮图、仪仗图、臂鹰图	辽瓷、银食具		
白塔子墓	木护墙	铜面具	烧骨	驼车图、侍者图	骨刷		
温家屯M2	木护墙	铜面具靴底	尸骨葬1男1女		辽瓷、马具、兵器、马头骨与肢骨		
乌兰哈达墓	木护墙		尸骨葬		辽瓷		
柴达木墓	木护墙	面具靴底	尸骨葬1男		辽瓷		
前海子村墓		石棺	尸骨葬1女		辽瓷、玛瑙项串		
上烧锅M5		面具、网络靴底	3人葬		辽瓷、马具、骨刷		
前勿力布格M5		木棺、金冠网络			玛瑙串珠、琥珀鱼雕		

续　表

墓　葬	木护墙	葬　具	葬　法	壁画/棺画	随　葬　品	文字资料
前勿力布格 M2	木护墙		男女合葬	驼车图、山林图	辽白瓷、鸡和兔骨	
叶茂台 M19		石棺、铜网络	1 男 1 女		琥珀佩饰、砺石、朱瓷	
尖山村墓		网络			骨刷	
萧孝忠墓		金冠、铜网络			辽瓷、马具	汉文墓志、契丹文文墓志
长岗墓					马具	
萧府君墓	木护墙	铜网络			朱瓷、辽瓷、马具	汉文墓志
前勿力布格 M6	木护墙	木葬具	尸骨葬	驼车归来图、出猎图	辽陶瓷、朱瓷	
温多尔敖墓	木护墙	石棺、金冠铜网络			辽瓷、马具	
炮手营 M1		金冠	1 女		辽瓷、马具、山羊骨一具	
小刘仗子 M1	木护墙				辽瓷、马具、骨刷、琥珀串饰、白玉串饰	
小刘仗子 M2		铜面具	单人		辽瓷、马具、兵器	
北三家 M3				出猎图、驼车归来图	羊骨、鸡骨	

续　表

墓　葬	木护墙	葬　具	葬　法	壁画/棺画	随　葬　品	文字资料
康营子墓				人物均为契丹人、臂鹰图		
豪欠营 M6		金面具网络	1 女		辽瓷	
双井沟 MA		篦纹陶瓷棺	火葬		羊距骨	
双井沟 MB		篦纹陶瓷棺	火葬		羊距骨	
耿延毅墓		木帐、石椁、木棺、网络	1 男 1 女	男子基本均为髡发	辽瓷（鸡冠壶）、兵器、琥珀和水晶串饰	墓志
耿知新墓		木帐	尸骨葬 1 男		辽瓷、马具、兵器	墓志
梁援墓			1 男 1 女		辽瓷、马具	墓志
韩相墓		双石棺	尸骨葬 1 男 1 女		辽瓷、马具	墓志
商家沟 M1		木帐石椁	火葬		辽瓷（鸡冠壶）	墓志
马直温墓	木护墙		火葬骨灰		辽白瓷	墓志

表四　汉式墓

墓名	木护墙	葬具	葬法	壁画/棺画	随葬品	文字资料
赵德钧墓			尸骨葬 火葬	人物皆为汉族，内容皆为家内生活		墓志
许从赟墓				人物皆为汉族，内容皆为家内生活	彩绘陶明器、灰陶明器	墓志
姜承义墓		木匣		家具	灰陶明器	墓志
韩佚墓			火葬	人物皆为汉族，内容皆为家内生活	辽瓷（仅鸡腿坛）、灰陶明器	墓志
谭庄 M1		小石棺	火葬		灰陶明器	墓志
王悦墓			火葬		灰陶明器	墓志
李进墓		小石棺	火葬		陶器	墓志
王泽墓	木护墙		尸骨葬		灰陶器	石棺题记
罗贤胡同墓	木护墙（？）				灰陶明器	墓志
彭庄 M1			火葬		灰陶明器	

续　表

墓　名	木护墙	葬　具	葬　法	壁画/椁画	随　葬　品	文字资料
彭庄 M2					灰陶明器	
尚晔墓			火葬		灰陶明器、狗头骨	墓志
龚祥墓			火葬		灰陶明器	墓志
山头村 M4			火葬		灰陶明器	
山头村 M1			火葬		灰陶明器	
卧虎湾 M5		瓮棺	火葬	皆家内生活	灰陶明器	买地券
卧虎湾 M3		小石棺	火葬	皆家内生活	灰陶明器	真言碑
卧虎湾 M2		小石棺	火葬	皆家内生活	灰陶明器	
下花园墓			火葬		灰陶明器	
冷冻厂墓			尸骨葬 1男1女 头皆西		灰陶明器	
韩师训墓			火葬	除一幅驼车出行图 外,余皆为家内生活	灰陶明器	墓志

续 表

墓 名	木护墙	葬 具	葬 法	壁画/棺画	随 葬 品	文字资料
张世卿墓		木棺	火葬、木偶人内骨灰	备马图，余为家内生活	灰陶明器、辽瓷	墓志
张恭诱墓		木棺	火葬	皆为家内生活	灰陶明器	墓志
张世古墓		木棺	火葬	皆为家内生活	灰陶明器	墓志
张世本墓			火葬	皆为家内生活	灰陶明器	墓志
新添堡 M29		小石棺	火葬		灰陶明器、辽瓷	墓志
百万庄 M1		木盒	火葬	皆为家内生活	陶片	墓志
陈庄墓			火葬		灰陶明器	

发掘以前未经扰动的 3 例来看，豪欠营 M6、陈国公主和驸马墓出土的网络，均在墓主躯肢部分编织出头、臂、手、胸、背、腹、足，而且，陈国公主墓的公主和驸马都是先在身体四肢施网络后，"再穿外衣，束腰带，戴面具，套银靴，佩戴首饰"①。豪欠营 M6 墓主也是在网络外再穿袍子等外衣。这样装殓的尸体，即使日久腐朽，外观上不仅容貌犹存，而且身体各部分也保持生时的人形。所以，"防腐说"并不对，至少不全对。时人是否相信金属面具和网络具有防腐作用，这无从考证。而从面具和网络实际能起的作用来看，与其说时人相信它们能防腐，毋宁说是时人已知尸体日久必腐而发明的"驻容存形法"。当然，从文化渊源的角度而言，推测面具与东胡古有覆面之俗有关，网络起源于契丹原有的非金属络尸之物，是有合理性的。至于面具的"佛妆说"，是对"佛妆"一词的理解不够准确。契丹女子秋天面涂黄，春天才去掉，是限于女子防风寒、保养皮肤的化妆方法。称之为"佛妆"，则是因其与佛面贴金相似而产生的比喻。所以该词的存在，仅能反映契丹人已知佛像，并非施"佛妆"的女子即信佛。面具在墓中是不限性别、年龄皆用之物，把"佛妆"比覆面已属牵强，进而推论其与信佛有关，就更为牵强了。还有把面具、网络看作巫术法器的"萨满说"。古今所能考知的萨满法器均佩挂于衣服外面，作法时振之发响。网络则分明是贴身之物，衣服包裹于外，说其为萨满法器，实难令人信服。

二、葬具

契丹式墓中，有特色的葬具是木构小帐（棺室、棺罩），这是一种房屋形的葬具，亦有石质者。木帐易朽，即使存留至今，也每遭扰乱破坏。完整者仅有叶茂台 M7 一例，为歇山顶，内有石棺。广德公墓中也有保存完好的木构房屋形葬具，为悬山顶，因内部无棺，故报道中称此房屋形葬具为"木棺"。张扛 M2 有石构房屋形葬具，为单檐庑殿顶，内部无棺，原报告称之为"石棺"。前窗户墓中的"石棺"，亦作房屋形，棺盖作两坡式。

---

① 内蒙古自治区文物考古研究所等：《辽陈国公主墓》，文物出版社，1993 年，第 31 页。

据曹汛考证，用房屋形的小木作建筑作为择地下葬之前暂时安置灵柩之所，是汉族古来的传统。从文献看，宋人上层统治者仍沿用，且帝、后棺椁外所覆之"帐"，下葬时有移放于墓中者。他还指出，唐代的章怀太子墓、懿德太子墓、永泰公主墓、韦洞墓等，棺外均设仿木石造小建筑，是这种制度的考古实证①。因此，契丹人在墓中使用房屋形的帐物来暂时存尸。

但契丹人吸收了这种汉人的文化因素之后，又使之发展成不同于汉人的文化特点。第一，考古发现的大量唐宋墓葬，除曹汛所举数例外，均未发现木帐或石帐。可见汉人之绝大多数并不将停尸之帐移入墓中。而契丹人则较普遍地在墓中设木帐、石帐，像广德公墓的木帐，就屋顶式样而言，等级也并不高。第二，单就辽墓而言，汉人墓既盛行火葬，葬具自然简化。契丹人则重视尸身，在辽代前期木棺并不流行，很可能多数情况是把尸体直接暂存于小帐中，故于葬时帐内也无棺。契丹人在受汉人影响而逐渐用棺的过程中，便出现了把棺和帐结合为一体的一头较高较宽的房屋形葬具中。

总之，房屋形的葬具成为辽代契丹式墓的特征之一。

三、木护墙

木护墙有两种形式：一种是典型的护墙，护墙壁板紧贴墓室的内壁构筑，如陈国公主墓；另一种是类似木椁的护墙，有的报告径称为木椁，木板距墓壁有较窄的空隙，如驸马墓。后一种木护墙在平面形式上也可能与墓室的平面形式不一致，如解放营子墓，墓室为圆形，而木护墙为八角形。木护墙与墓壁之间一般无任何物件，仅阿鲁科尔沁旗乌兰哈达墓在石墓壁与木护墙（报告称之为"木椁"）之间的西北角和东北角各出 1 件鸡冠壶。

这种木护墙也是契丹式墓的特点之一。

四、壁画

契丹式墓有反映契丹人所喜爱的游牧射猎生活的图景，如放牧图、射猎

---

① 曹汛：《叶茂台辽墓中的棺床小帐》，《文物》1975 年第 12 期。

或出猎图、驾鹰图，与这种生活有密切关系的野外景色，如山林图、山石野兽图、四季捺钵风光图，以及多以野外为目的地的出行队伍图和归来队伍图。个别墓葬壁画中还出现契丹装束的墓主人像。

汉式墓的壁画内容则以家内生活为中心，场景不离住宅。大同地区的汉式墓中虽也画出马、马车、驼车，但意在表现家内财产。它们与同墓所画的猫、狗、鸡、衣架、灶等并见于一壁而互相杂厕，便是证明。

五、随葬品

（一）随葬品类别

契丹式墓中常见马具和兵器，其中兵器以镞（包括鸣镝）为主，汉式墓则无。这是契丹人重视骑射的反映。马具和兵器不仅在男性墓和夫妇合葬墓中有发现，女性墓中也常见，南皂力营子 M1 出土 1 套马具和 1 件骨朵，叶茂台 M7 也出土了 1 套马具。

契丹式墓中常见辽地烧造的有特殊风格的所谓"辽陶瓷"，其中鸡冠壶、盘口穿带壶、穿带扁壶（如广德公墓、呼斯淖墓出土者）至今只见于契丹式墓。汉式墓中也有少量辽陶瓷，以注壶、鸡腿坛、大口罐较常见。汉式墓中最常见的是灰陶明器，种类复杂多样，有仓、塔形器、盉子、鼎、注壶、盖罐、剪、熨斗、箕、柳编水斗等，契丹式墓中则不见此类陶明器。契丹式墓中随葬三彩器，晚期个别辽墓中有明确的辽瓷明器，如骆驼岭墓所出绿釉鸡冠壶，流的内腔只有米粒大小的透孔，而共出的长颈瓶颈部内腔完全被隔断，都根本不能实用。

（二）特殊的小件随葬品

距骨（俗称"嘎拉哈"）、砺石、特殊形制的耳环也仅见于契丹式墓。距骨是长期流行于北方诸族的玩具，鲜卑、靺鞨、女真等族墓中也有发现。砺石是契丹人随身所佩带的工具，随时可以磨砺食肉之刀和其他锋刃器。契丹男女皆戴耳环，具有特色的耳环有三种：第一种是用三条金丝绕成弯钩，在弯的外侧焊接一金球，如二八地 M1、虎吐路墓、三道壕墓、南皂力营子

M1 等均有出土；第二种是鎏金银质的，为弯身的鱼形或凤鸟形，头的外侧附加一球，如后刘东屯 M1、张家营子墓、硃碌科墓、木头营子 M2 等墓均有出土；第三种为半环形，外侧附加一环，底之中部加一突，如沙子沟 M1、张扛 M1 封土中有出土（图三十三，1—10）。

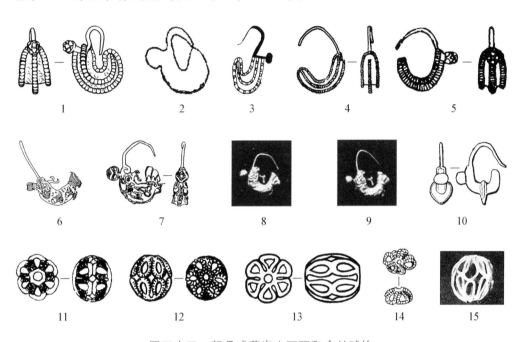

图三十三　契丹式墓出土耳环和金丝球饰

1、13. 南皂力营子 M1 出土　2. 三道壕墓出土　3. 二八地 M1 出土　4. 前窗户墓出土
5、11. 虎吐路墓出土　6、14. 后刘东屯 M1 出土　7、12. 木头营子 M2 出土
8、9. 硃碌科墓出土　10. 沙子沟 M1 出土　15. 陈国公主墓出土
（1—10. 耳环　11—15. 金丝球饰）

契丹式墓中普遍随葬串饰，汉式墓中极少见，串珠的质地以玛瑙、琥珀、水晶最为常见，形状有铅坠形、长管形、菱形、梭形等多种，多见而又有特色的是铅坠形和一端为圆头的长管形（图三十四），一般墓葬出土的串饰较简单，一串约为十几颗串珠。陈国公主墓所见最为繁缛富丽，驸马项上所戴璎珞之一由 416 颗琥珀珠和 5 件琥珀浮雕饰件银丝穿缀而成，公主项上所戴璎珞之一由 700 颗珍珠、3 颗琥珀珠和 1 件琥珀坠用金丝穿缀而成，而公主的头饰由 2 件龙形琥珀饰件、122 颗珍珠、42 件金饰片用金丝穿缀而成。该墓出土

玉、琥珀、玛瑙、水晶、珍珠等饰件的总数达2 300余件。从陈国公主墓可确知这些串饰是佩戴在衣服外面或冠外的，但在大量的辽墓壁画中契丹人物却未见一例佩挂串饰者。推测这类串饰是在节日或隆重场合才佩戴。

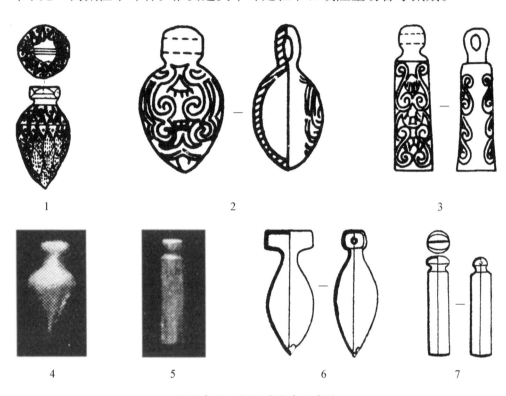

图三十四　契丹式墓出土串珠

1. 北岭 M1 出土　2、3. 南皂力营子 M1 出土　4、5. 硃碌科墓出土　6、7. 前窗户墓出土

金丝球饰也仅见于契丹式墓中（图三十三，11—15）。

植毛骨刷前端有两排植毛孔，长约 20 厘米，形似现代牙刷。这种骨刷也是契丹式墓中常见之物，用途有待研究。

六、殉牲

契丹式墓中殉牲较常见。从表三可以看出，以殉羊最多，其次是马。尽管辽朝曾三令五申禁止杀牲以殉，但晚期仍见殉牲之墓。汉式墓则仅有殉犬之例，概不殉马和羊。

应该强调的是，我们不但不应孤立地看待上述区分标准，而且不应对这些标准持静止的观点。辽朝一共延续了200余年，无论是契丹式墓还是汉式墓都随时间的推移而有所变化，所以区分两者的标准也应是动态的。一方面，每个民族的传统本身在发生变化，即传统中的旧有成分走向消亡，新特色不断产生、发展。例如，在契丹式墓中，早期传统的契丹陶器（大口罐、瓜棱罐、穿带扁壶、盘口穿带壶等）和兵器极为普遍，但中期只是偶尔见之，晚期则趋于消失；而三彩器在产生后迅速流行于晚期；金属面具和网络也是产生于中期，到晚期进一步流行。另一方面，各族之间的文化互相吸收、渗透，也使区分的标准发生变化。例如，屏风壁画是汉式墓早、中期的特征（如韩佚墓，这是承袭唐墓屏风画的传统），在晚期更为流行，但契丹式墓在晚期也出现屏风壁画（如康营子墓的后半部画屏风画）。汉式墓早、中期的壁画中不见契丹人物形象，但晚期壁画中髡发的契丹人物形象普遍存在。

根据出土的墓志和其他文字资料可以看出，契丹式墓的墓主人主要是契丹人。但也有一小部分契丹式墓的墓主是汉人，或确切地说是汉裔的高官显贵，属此类者有耿延毅墓、耿知新墓、韩相墓、马直温墓、梁援墓、商家沟M1等。在这里有必要分析一下这些墓主的身份和血统。

据韩相墓志可知，他是辽开国元勋韩知古的后裔。韩知古之孙韩德让与萧太后关系特殊，被赐姓耶律，系横帐，位在亲王之上[1]，韩相是韩德让的从侄。他这一系虽没有被赐国姓，他自己41岁病死，官只做到辽兴军衙内马步军都指挥使，但其母亲是兰陵夫人萧氏，其续妻也出自兰陵萧氏。兰陵萧氏是契丹后族，检《萧德温墓志铭》，兰陵萧氏至大康时已"一门生于三后，四世出于十王"。而韩相续妻所生二子，一名"奴子"，一名"大猫"，名字也契丹化了。可见，汉人显贵家族中已经混有契丹血统的成员了，生活上大概也相当契丹化。从梁援墓志来看，他的祖先没有韩家那样显赫，但其曾祖父和辽景宗"有龙潜之旧"，景宗即位后"诏养母夫人孟氏为之妻，并

---

[1] 《辽史》卷八十二《耶律隆运传》，第1290页。

以大水泺之侧地四十里，契丹人凡七户，皆赐之"，官至宁远军节度使，又
"奏乞医巫闾山之近地永为别业，上嘉其内徙，命即赐之"，他随后将祖坟
也迁至此。梁援的祖父梁延敬，居官不过是"内供奉班祗候"，却娶了人皇
王耶律倍之子荆王的女儿为妻。因而，不仅是梁援的祖上已表现出契丹化的
明显倾向，他本人也有一定的契丹血统。他很有才华，由进士出身，不断升
迁，最后封六字功臣、赵国公，食邑一万户，并追赠中书令，成为高官①。
耿延毅、耿知新父子的官都没有做到梁援那么高，墓志中也没有他们与契丹
族直接通婚的记载。但耿延毅墓志自称"三代之将门"，其祖父"累赠太
师，假相印"，属显贵家族。而且，耿延毅的母亲是"陈国太夫人耶律氏"，
即赐姓耶律的韩德让的亲姐妹。而齐天皇后是耿延毅的姨兄妹，他的妻子
"耶律氏"同样是出于赐国姓的韩家。耿氏家族既与契丹化的后族通婚，本
身自然也会有很强的契丹化倾向。

马直温墓和属卢龙赵氏家族墓地的商家沟 M1 的性质，与上述四墓有所
不同。马姓和赵姓都在辽地汉人四大望族之列，但马直温墓中未置墓志，仅
从他妻子的墓志中知道其为"金紫崇禄大夫、右散骑常侍、柱国、开国公"。
而商家沟 M1 的墓志漫漶过甚，并未发表，墓主身世和官位无从考证，从马
直温妻张氏的墓志中可知他将女儿枢哥嫁给耶律筠，早卒，又把另一个女儿
也嫁给耶律筠，但无法确知其先世是否和契丹族通婚。商家沟发现的赵匡禹
墓和赵为干墓的墓志都没有提到赵氏和契丹族通婚的事。从遗存分类的角度
说，若偏重马直温墓有木护墙，商家沟 M1 有木帐，把它们归入契丹式墓固
无不可。但要说它们是较多吸收契丹文化因素的汉式墓也不无道理。笔者暂
将它们划归契丹式墓，它们至少可说明汉人中的勋阀世家比寻常百姓更多地
攀附契丹、仿效契丹。

汉式墓的墓主，据墓志和买地券能确定的都是汉人（参见表四）。宣化
发现的张世卿墓，墓志记述张世卿的长孙娶契丹耶律氏为妻。张世卿本人官

---

① 薛景平、冯永谦：《辽代梁援墓志考》，《北方文物》1986 年第 2 期；胡顺利：《辽代梁
援墓志补说》，《北方文物》1986 年第 3 期。

职不算高，只是右班殿直，儿子张恭谦不过"曾隶北枢密院，勒留承应"，可见辽末契丹和汉人通婚在中下层中更为普遍。这种通婚的存在，并未造成该地区的张氏家族墓地中出现特别契丹化的墓葬。

从另一个角度来看，契丹人和汉人一样，也是聚族而葬的。如《萧德温墓志铭》载其"终于辽水西之行帐"，而"祔葬于黑山之先茔，礼也"。耶律仁先墓所在墓地的发掘也证实了这一点。因此，墓地也就成为判定墓主族属的纽带。一座墓地，只要发现一块墓志，即可推知其他墓主的族属。在出耶律氏或萧氏墓志的墓地内，尚未发现任何汉式墓，这从另一方面说明汉式墓的墓主尚无一例是契丹人。

考虑到辽墓有不少是夫妇合葬墓，而太宗会同三年（940年）已下诏"契丹人授汉官者从汉仪，听与汉人婚姻"①，则应有一部分辽墓夫妇异族。就目前资料而言，只有男方为汉裔娶契丹女子而葬于契丹式墓者，尚未见有男方为契丹裔娶汉女而葬于汉式墓之例。

总之，辽代的契丹式墓，虽然一开始就是吸收了许多汉人的文化因素，而且在发展过程中又继续不断融入汉文化因素，但自始至终是与汉式墓相区别的有独特性的遗存。也就是说，辽代的契丹人和汉人各有自身的埋葬习俗。在这一方面，契丹不但一直没有被汉人同化，反而使汉人高层中的一部分同化于契丹。

---

① 《辽史》卷四《太宗纪》，第49页。

第四章

辽墓等级研究

辽墓的形状结构复杂，规模和随葬品的多寡都相差悬殊，所以，辽墓与其他各代墓葬一样，也存在着等级差别。墓葬的等级与墓主社会地位密切相关，探讨辽墓所反映的等级制度对了解辽代社会必有裨益。目前学界对辽墓的等级研究较为薄弱。杨晶曾对辽墓作了简单的分析和总结，认为辽墓分为四个等级，即大型多室墓（指两个正室及以上墓），限于帝王、皇室、勋戚和王公使用；大型单室墓（包括一正室两耳室墓），限于高级官吏使用；中型单室墓，适用于中下级官吏；小型单室墓或土坑竖穴墓，属于无官地主或平民①。后来李逸友先生又提出契丹墓和汉人墓自节度使以上为两个主室，节度使以下为单室墓②。

　　辽朝规定的墓葬等级制度文献失载，因此，我们无法做到准确地判定出有墓志的墓与规定的等级相比是越制、相符，还是降级使用。只能根据墓葬资料大致推测辽代墓的等级实际情形如何，执行得是否严格。

　　一般说来，墓的规模大小、构筑的繁简、装饰内容、随葬品的多寡等都有等级差别。但是辽墓几乎都被盗，有的空无一物，有的残留遗物甚少；多数壁画墓中的壁画剥落，仍然保存下来的壁画中，表身份等级的壁画内容只见于个别墓内。因此，本章以墓的形制和规模作为主线，参照墓志、随葬品、壁画装饰等项内容，对辽墓的等级加以探讨。

　　已发表的辽墓约有以下几种形制：

　　第一种：砖室墓和石室墓。

　　这是目前公布的资料中数量最多的一种。主要由墓道、墓门、甬道、墓室构成，复杂者有天井。

　　第二种：土洞墓。

　　所见极少。结构与砖室墓同，只是没有用砖或石材修筑。

　　第三种：砖圹墓。

---

① 杨晶：《辽墓初探》，《北方文物》1985年第4期。
② 李逸友：《略论辽代契丹与汉人墓葬的特征和分期》，《中国考古学会第六次年会论文集》，文物出版社，1990年。

没有墓道、墓门，只是用砖砌出长方形框，放入棺后再封顶。

第四种：石圹墓。

用石块或石板砌筑长方形框，没有墓道、墓门。

第五种：土坑竖穴墓。

第一节　砖室墓和石室墓

砖室墓和石室墓有单室墓和多室墓两种形式。其中，多室墓的各室名称，以往报告和论文中称谓不一致。本书把位于中心线上的墓室称为正室，位于两侧的墓室称为侧室。正室中，最大的有棺床的墓室称为主室。多室墓中，有的前室明确，前室宽大于甬道宽，如耶律延宁墓、叶茂台 M7、沙子沟 M1、木头营子 M1、圣宗陵、萧义墓。有的前室宽度与甬道等宽，室内一般只放墓志，两侧接侧室，如白玉都墓、陈国公主墓、兴宗陵、道宗陵、萧袍鲁墓、前勿力布格 M1 等，这类墓年代最早的是白玉都墓，为辽初。因此，两者是并存的，并非由前者演变为后者，只不过晚期后者更为流行。这两种形式在等级划分上意义相同。

首先我们按墓室的多少分为五类：

甲类墓：三正室带四个以上侧室墓。

乙类墓：三正室带两个以下侧室墓。

丙类墓：两正室带两个以下侧室墓。

丁类墓：两正室不带侧室墓。

戊类墓：单室墓。

一、甲类墓

甲类墓数量很少，有两种。第一种墓是前、中、后三正室，前室和中室各带两侧室的七室墓。只见于皇陵，如圣宗陵、兴宗陵、道宗陵。均以中室为主室，后室较中室略小或相当，中室的侧室比前室的侧室大。三陵的前室不同，圣宗陵前室为长方形，略比甬道宽。比之为晚的兴宗陵和道宗陵则采

用甬道式前室①。三陵规模宏大，其中圣宗陵的底长（从天井前端到后室后
壁）约为 45 米，主室直径为 5.6 米。圣宗陵的中室发现了棺室的木构件，
据当年进入陵内人回忆，原本有木屋，上题牌匾"靖宁宫"。圣宗陵墓道两
壁有出行仪仗队伍的壁画，侧室和前室的后半部以及各甬道都绘契丹和汉臣
像，并题榜题。中室四壁绘四季捺钵风光图，边缘影作龙纹柱，前室内门上
和中室顶绘大幅双龙戏珠图。墓内出有圣宗皇帝、仁德皇后、钦哀皇后哀
册，哀册为墓志形，仁德皇后、钦哀皇后的哀册四角刻有双龙纹。这些，都
显示了作为皇陵的特殊性。

第二种是前、中、后三正室，每一正室各有两侧室的九室墓，仅见于北京的赵
德钧墓。该墓以中室为主室，中室所带两侧室较大，各室均为圆形。在结构上基
本与第一种墓同，但比第一种多两侧室。每室的最大径比圣宗陵略小（表五）。

表五　圣宗陵与赵德钧墓墓室之比较　　　　（单位：米）

	前室	中室	后室	前室左侧室	前室右侧室	中室左侧室	中室右侧室
圣宗陵	3.27	5.6	5.14	3.27	3.36	3.27	3.3
赵德钧墓	2.74	4.12	2.62	1.76	1.92	2.90	3.31

注：圣宗陵前室取长，余为直径。

赵德钧墓虽被盗严重，但所剩遗物亦有其特殊之处。如后室左侧室发现
两堆铜钱和木板箱的朽灰，较完整的铜钱有 73 900 余枚，这在已发现的辽墓
中是独一无二的。

发掘前在该墓南 10 米处发现了墓志，题"辽故卢龙军节度使太师中书
令北平王赠齐王天水赵公夫人故魏国夫人赠秦国夫人种氏合祔墓志铭"，从
墓志铭文可知，秦国夫人种氏是在应历八年（958 年）祔葬于"齐王之茔"。
赵德钧死于辽天显十二年（937 年），所以该墓的建造年代可能在太宗时期。

① 田村实造：《庆陵的壁画》（日文），同朋舍，1977 年，第 50—53 页。

北平王赠齐王的赵德钧墓使用九室之墓是极为特殊的。因为契丹诸亲王都没有使用超过五室之墓的，驸马赠卫国王墓只有五室，耶律仁先被封为十字功臣，尊为尚父，封为宋王，也只不过是两正室、两侧室。检核《新五代史》可知，赵德钧本为五代降臣，初为后梁沧州节度使刘守文的裨将，后效力于后唐。在降辽之前，"德钧阴遣人聘德光，求立己为帝。德光指穹庐前巨石谓德钧使者曰'吾已许石郎矣。石烂，可改也'"①。可见赵德钧早有称帝之心。赵德钧及其养子赵延寿被俘降辽之后，德钧很快死去，但"德光尝许赵延寿，灭晋而立以为帝，故契丹击晋，延寿常为先锋"。"德光已灭晋，而无立延寿意，延寿不敢自言"②。延寿入辽后仍有称帝奢望已然昭昭。赵德钧墓为延寿所筑，准确建墓年代不知。可能延寿在击晋之前就将其父安葬，延寿当时以为太宗能在他灭晋后扶持其称帝，便仿照皇帝陵的制度安葬久梦称帝之父。而太宗当时以许帝为诱饵，故明知越礼而不制止。因此，第二种墓也应是皇陵等级。

二、乙类墓

赤峰大营子驸马墓为前、中、后三正室，前室带两个侧室，共五室。中室最大，后室狭小。各室均为方形，中室长 4.1 米，宽 3.5 米。各墓室之间甬道极短，故墓底长仅 10.5 米，墓总长 15.5 米。据出土墓志知墓主人是驸马萧沙姑，追赠卫国王。

道宗女儿之子萧仲恭随天祚帝西奔，被俘降金。天祚帝死葬之时，他还参加了天祚帝的葬礼。萧仲恭降金后先后被封为兰陵郡王、济王、曹王、越国王。他的墓是前、中、后三正室，而无侧室，中室最大，前、后室狭小，内有雕砖壁画③。这是沿用辽的旧制，女真贵族是用方形土坑木椁或石椁

---

① 《新五代史》卷七二《四夷附录·契丹》，第 894 页。
② 《新五代史》卷七二《四夷附录·契丹》，第 897 页。
③ 郑绍宗：《兴隆县梓木林子发现的契丹文墓志铭》，《考古》1973 年第 5 期；王静如：《兴隆出土金代契丹文墓志铭解》，《考古》1973 年第 5 期；刘凤翥、于宝林：《契丹小字〈萧仲恭墓志〉考释》，《民族研究》1981 年第 2 期；《金史》卷八二《萧仲恭传》，第 1848—1850 页；《辽史》卷六五《公主表》，第 1010 页。

墓，不用雕砖壁画。可证，三正室的乙类墓是"国王"一级的墓制。

前勿力布格 M8 未发掘完。发掘者根据发掘的前室和探查的迹象分析，该墓的全长在 60 米左右，已挖掘的前室宽约 5.6 米，那么中室或后室不会低于 5.6 米。前室未见侧室。视此规模结构，似为三正室的乙类墓。该墓地已公认为越国公主之夫萧孝忠的家族墓地①。萧孝忠弟兄为钦哀皇后政变垂帘立下汗马功劳，故在兴宗朝盛极一时。萧孝忠被封为楚王，死后追赠为楚国王。兴宗闻其死讯"帝素服哭临，赦死囚数人，为孝忠荐福。葬日，亲临，赐宫户守冢"②，故推测此墓是萧孝忠之墓。当地把墓地所在之山岗称为王坟梁，可能就是因此墓而称之。

乙类墓的装饰、葬具和随葬品亦显示出豪华高贵，非同一般。

驸马墓和前勿力布格 M8 都是砖室墓。驸马墓的门上部被毁掉，不知是否有门楼，墓道未见壁画，中室木护墙有壁画，已剥落不清。而前勿力布格 M8 的墓门是仿木构门楼，重栱，有斜华栱。墓道壁画中残留仪仗队伍，南壁出行图中有 2 人荷伞、1 人负椅、4 人持剑、1 人托挂串珠的木架，后两项只见于此墓。北壁残有五旗杆（原报道为鼓架），一面大鼓，旗鼓应配套使用，推测可能是五旗五鼓仪仗。驸马墓未用棺，但使用了木质小帐，其外设栏杆，左右壁板镶盘龙铜饰，顶部不存，帐外还悬绘龙凤帏幔。

驸马墓虽经两次盗扰，仍保存下 2 000 余件随葬品，各类生活用品、珍玩俱全。其中有金质带具、龙纹马具、玻璃器皿、外来高档青瓷、"官"字款白瓷、银食具、错金银矛等。

三、丙类墓

两正室带侧室墓发现数量较多，有砖筑，亦有石筑，具体尺寸相差悬殊。

---

①　王健群、陈相伟《库伦辽代壁画墓》中论述颇详，该墓地其他墓的发掘报告，以及各种研究文章都持此说而未见异议。

②　《辽史》卷八十一《萧孝忠传》，第 1285 页。

墓的形状复杂，有圆形、方形、八角形、椭圆形，还有不规则形，前后室与侧室形状的配合情况也较复杂。为便于比较，本文按主室的最大值（直径、最大幅径或边长）列表（表六）。

辽朝实行南面官、北面官两套官制。北面官制是国制，"治宫帐、部族、属国之政"。南面官制是汉制，"治汉人州县、租赋、军马之事"。从墓志资料可以得知，北面官与南面官一样，除职司官外，也有遥授、散、阶、勋、爵、封号。《辽史·百官志》记载简单，只列职司官。墓志所记虽复杂，但各墓志所列详略不一，找不出通见的项目作比较，有的实职与遥领虚授、追赠难以区分。南面官虽有品级，但具体何官为何品则无文献可查。因此，在列表时，身份地位一项选墓志所列主要者，《辽史》有传可补者一并列在其他项中。

表六　丙　类　墓

序号	墓　葬	主室最大值（米）	身份、地位	其　他
1	耶律仁先墓	5.8	尚父、于越、宋王、北枢密	《辽史》：终晋王
2	萧义墓	5.82	北宰相、陈国公	《辽史》：尚父
3	耶律宗教墓	5.7	保义军节度使、广陵郡王	
4	秦晋国大长公主墓	5.65	萧继远为北宰相、兰陵郡王赠宋王	
5	前勿力布格 M6	5.5		
6	耶律延宁墓	5.5	羽厥里节度使、检校太尉漆水县开国伯、同中书门下平章事	
7	木头营子 M1	5.45		
8	前勿力布格 M1	5.22		壁画：五旗五鼓
9	小吉沟墓	5		
10	前勿力布格 M4	5		

续 表

序号	墓　　葬	主室最大值（米）	身份、地位	其　　他
11	北三家 M1	4.9		
12	萧袍鲁墓	4.8	北宰相	
13	萧仅墓	4.7	宁远军节度使	
14	梁援墓	4.6	诸行宫都部署、知枢密院事、赵国公、开府仪同三司赠中书令	
15	前窗户墓	4.45		金凤冠
16	陈国公主墓	4.38	男：泰宁军节度使、检校太师、驸马都尉 女：陈国公主	
17	耶律羽之墓	4.3	东丹国左相	
18	沙子沟 M1	4.3		
19	巴图营子墓	4.2		
20	清河门 M1	4.1	佐移离毕、知诸行宫都部（署司事）、同政事门下平章事	
21	清河门 M2	4		
22	查干坝 M11	4		
23	山嘴子 M1	4	率府率①	
24	龟山 M1	3.8		
25	骆驼岭墓	3.7		
26	叶茂台 M7	3.6		

---

① 参见刘凤翥等：《〈故耶律氏铭石〉跋尾》，《文物资料丛刊》第五辑，文物出版社，1981年。

序号	墓　　葬	主室最大值（米）	身份、地位	其　　他
27	刘宇杰墓	3.6	易州商税都监、左千牛卫将军、检校工部尚书、银青崇禄大夫	
28	北岭 M3	3.6		
29	前勿力布格 M3	3.52		
30	新地 M1	3.5		
31	扣卜营子 M2	3.3		
32	水泉 M1	3.24		
33	西山洼 M5	3.2		
34	张扛 M1	2.9		
35	南皂力营子 M1	2.8		
36	白玉都墓	2		

从表六可以看出两个现象：其一，封号及官职与墓室规模大小是有一定联系的，但不是绝对的。一般说来，封号、官职高者墓大，反之则小。说明丙类墓存在着等级差别，而等级限制又不是十分严格。其二，各墓室的规模数字变化从大到小几乎是连续的，序号35与36之间，相差约1米。36是唯一的一例特小墓，可能有特殊性。因此，我们所作的等级划分也是粗线条的，是大概的，所确定的界线也是相对的，随着以后资料的增加，其界线还会变更。下面以少数墓主有明确身份、地位的墓为线索，将丙类墓的规模按从大到小的次序划分为四级。

（一）A 级墓

包括序号 1、2、3、4，主室最大值在 5.6 米以上。已发现的 4 座墓均有墓志。

秦晋国大长公主墓多次被盗，考古调查时遗物仅存石棺和墓志。据墓志知此墓为秦晋国大长公主与其夫赠宋王萧继远合葬墓。萧继远先亡，从"启先王之茔合祔焉"可知，此墓的修筑是按萧继远赠宋王的级别建造的。萧继远、耶律仁先、耶律宗政都是被封为王或郡王的。辽代王有三级，即国王、王、郡王。耶律宗政墓志记宗政王位变迁为：中山郡王——鲁王——宋王——郑王——越国王——赵国王①。耶律宗允墓志记宗允的王位变迁是：长沙郡王——韩王——沂王——陈王②。赵德钧是北平王赠齐王，北平王是沿用他在后唐镇幽州时封号，从赠齐王看应属于王中的第二级。A 级墓 4 例，有 3 例是王、郡王，应是王、郡王级别的墓制。耶律仁先为一代名臣，虽功高权重，多次徙王位，又加尚父、于越，但未封为国王，仍使用了丙类 A 级墓，看来三正室的乙类墓限制较严格。

萧义未封王，也使用了 A 级墓，显然是越制。萧义是天祚帝的北府宰相、顾命大臣，又是国丈，尊为尚父，上朝特许免拜③，加之萧义建墓已到辽末天庆年间，所以，A 级墓虽有越制之例，但限制仍较严格，非一般高官所能染指。

这四座墓均为仿木构雕砖壁画墓，使用柏木护墙，构筑复杂，装饰华丽，规模宏大，可惜皆遭浩劫，遗物寥寥。萧义墓壁画保存稍好，墓道有前呼后拥的出行与归来队伍，天井绘有五旗五鼓仪仗等图④。

（二）B 级墓

B 级墓包括序号 5—20，主室最大值约在 4.1—5.5 米之间。

B 级墓发现数量多，但使用墓志的墓约为二分之一，从墓志可知，诸墓主都与皇室有关，属于皇亲国戚任高官者（包括眷属）。如耶律延宁"其先祖已来是皇亲"。萧袍鲁出于兰陵萧氏之门，为"国宗臣"，其曾祖已获

① 陈述辑校：《全辽文》，第 156—158 页。
② 陈述辑校：《全辽文》，第 183—185 页。
③ 萧义墓志，陈述辑校《全辽文》收录，第 249、250 页。
④ 关于旗鼓的等级制度请参见林沄先生：《辽墓壁画研究两则》，《青果集——吉林大学考古专业成立二十周年考古论文集》，知识出版社，1993 年。

"铁券丹书"。萧仅是"皇朝国舅正族之裔",其母是"今皇后之姨"。陈国公主是皇太弟之女,驸马又是仁德皇后之兄。汉人梁援曾祖父与辽景宗有"龙潜之旧","诏养母夫人孟氏为之妻"①,其祖父娶东丹王的孙女耶律氏为妻。这些墓中受封最高的是梁援,为经邦忠亮同德功臣、赵国公赠中书令。梁援食邑一万户,比萧义食邑多四千户。实职官最高的是萧袍鲁,为北宰相,墓志未记其爵。从辽墓出土的墓志分析,一般撰写人的官阶封赐低于墓主,因此根据萧袍鲁墓志撰写人为"太原县开国侯",可知萧袍鲁不低于侯。萧仅墓志和陈国公主墓志所述官职简略,没有萧仅和萧绍矩的勋爵。耶律延宁的职司官、爵等均比萧袍鲁、梁援低得多,但墓室却很大,可能有特殊性,或违规定之制,值得注意。但各墓仍未超出我们确定的 B 级墓的范围。

清河门 M1 的墓志题铭为"佐移离毕萧相公墓志铭",知墓主最后官职为佐移离毕,此官职之等级大小未详,但是从残文中有"同政事门下平章事",而耶律宗政墓志铭记宗政曾由节度使加"同政事门下平章事"②,耶律宗允墓志中有"同中书门下三品"③。辽在重熙十三年(1044 年)把政事省改为中书省④,所以,清河门 M1 主人官品不低于三品。按古代九品官制分析,三品以上应是高官。清河门 M1 的主室直径为 4.1 米。山嘴子 M1 比之略小,为 4 米。译出的官职有率府率、兵马都监,未译出者可能是相应的阶勋之类的词,唐制率府率为正四品上,辽制也大体相当,由此可推测主室最大值 4—4.1 米左右是高级官与中级官墓的分界线。

B 级墓墓志中都可以看到朝廷对这一阶层的丧葬之事十分重视。如耶律延宁卒于任上,"圣上轸悼,即以令归本国",对萧袍鲁卒"闻讣震悼,特为辍朝",对萧仅"教命前奉先军节度使为丧主",对梁援亡故"(圣)加叹尤深,乃遣少府少监王诰,具仪敕祭发引,仍赐牌札各二道,差润剌鸿胪少

---

① 薛景平、冯永谦:《辽代梁援墓志考》,《北方文物》1986 年第 2 期。
② 陈述辑校:《全辽文》,第 156—158 页。
③ 陈述辑校:《全辽文》,第 183—185 页。
④ 《辽史》卷四十七《百官志》,第 774 页。

卿李君裕，领五州夫役，尽礼敕葬"。

B级墓多为仿木构雕砖壁画墓，保存最好的是中期的陈国公主墓。该墓为仿木构雕砖壁画墓，出土遗物丰富，珍宝贵重之物触目皆是，如金蹀躞带、金面具、鎏金银冠、银丝网络、玻璃器皿、高质量青瓷、"官"字款白瓷等都显示了墓主的特殊地位。随葬品中，饰龙凤纹者较多，这是墓主身为皇亲国戚之故。辽代晚期，B级墓中出现表示身份地位的壁画，前勿力布格M1使用带斜华栱的门楼，墓道画有大幅的出行和归来图，图中有出行仪仗，如南壁壁画中有五旗五鼓、两伞一椅。同墓地的属天庆年间的前勿力布格M6，规模与M1相当，出土瓷器精美，门洞上仙女画法精湛，可知墓主为特权阶层。在兴宗之后，虽然萧孝忠弟兄的各支系被挤出权力中心，但家势并没有一落千丈，仍有人在朝居高官。

（三）C级墓

包括序号21—34，主室最大值约为2.9—4米。

C级墓使用墓志的仅两例，约占总数的七分之一，C级墓的主人地位明显低于B级。

有墓志者两例，山嘴子M1的契丹文墓志中叙家世有某王，在后文中又提到元妃，因此墓主是皇亲国戚担任中级官职。刘宇杰官阶较低，但是他是五代割据幽州的燕王刘仁恭之后，其父刘承嗣有"契丹夫人牙思，本属皇亲，克修妇顺"①。他的墓室规模比一般汉族中级官吏墓大或与其特殊出身有关。

叶茂台M7是女性墓，同墓地有萧义墓，可知叶茂台M7可能是后族的眷属墓。此墓为单人墓，或是后族高官别葬妾之墓。C级墓应是一般高官和皇亲国戚之担任中级官吏之墓。

C级墓中有的营造较简，墓门只是券出门洞，如水泉M1。保存较好的是中期偏早的叶茂台M7。使用了小帐、石棺，外罩鸾鹤幔帐，与驸马赠卫国王墓使用龙凤幔帐相比等级为低。随葬器物较上一等级中的陈国公主墓少，亦不及其精美。但也使用了鎏金银马具、珍贵的玻璃器、外来青瓷、漆

① 刘承嗣墓志，王成生：《辽宁朝阳市辽刘承嗣族墓》，《考古》1987年第2期。

器等贵重物品，此外还有绢画两轴。规模很小的北票水泉 M1，仅有一耳室，前后室均为方形。出土了玉带饰、鎏金银马具、"官"字款白瓷、定瓷、影青瓷，反映了 C 级墓墓主可能都是中级官员或其眷属。

（四）D 级墓

包括序号 35、36。

白玉都墓，主室为 2 米左右。该墓规模小，营造简陋。砖石结构，墓门用自然石条棚搭而成。主室用砖券顶，其余用未加工的自然石条垒筑，随葬器物较少，出土了 42 件，有陶器、辽瓷、铜镜等日用器，缺乏贵重器，仅游牧人心爱的马具为鎏金铜质。墓主人地位不高，财力弱，可能是低级官吏或一般富户之墓。

此外，阜新南皂力营子 M1 有一主室，墓门外有一耳室，形制特殊。该墓为辽初，仅此一例，可能是过渡形式。其主室为圆形，直径 2.8 米，暂列入丙类 D 级墓中。该墓随葬遗物数量少，无贵重之物，而且 1 件陶壶的口颈断裂，裂纹两侧有钻孔，当是缀补后继续使用。可见主人的经济地位远不如上述诸墓。

四、丁类墓

发现很少，列表如下（表七）。

表七　丁　类　墓

序号	墓　葬	主室最大值（米）	墓志所记身份、地位
1	萧德温墓	6	左金吾卫上将军
2	萧府君墓	5.2	（志文不清）
3	清河门 M4	5.2	
4	耿延毅墓	4.78	户部使、昭德军节度使、开国伯
5	大窝铺墓	3.8	
6	张世古墓	3.6	地主、富户
7	百万庄 M1	3.52	左卫率府率、银青崇禄大夫

续　表

序号	墓　葬	主室最大值（米）	墓志所记身份、地位
8	下八里 M6	3.2	
9	韩师训墓	3.1	地主、富户
10	张世卿墓	3.1	右班殿直、银青崇禄大夫、检校国子祭酒
11	耿知新墓	2.48	昭德军节度衙内都指挥使

依表七列出的数据，可将丁类墓分为二级。

（一）A 级墓

序号 1—4，主室最大值在 4.7—6 米。萧德温在病重时被赐予左金吾卫上将军，以安其心。按唐制为从二品，比正三品的大将军高①，但《辽史·百官志》则把上将军排在大将军之后，辽制与唐制有所不同。耿延毅曾历任大将军、节度使、户部使等实职，加太尉，封开国伯，但墓室比萧德温小。可能与萧德温家世十分显赫有关，他是兴宗朝执权柄的萧孝穆之孙，又是"今皇太后之亲侄"。他的殡葬费用全部"并从官给"②。清河门 M4 未见墓志，但出土了崇德宫铜铫，该墓地 M1 的墓志载"次曰慎微，崇德宫副部署"，因此，此墓应与萧慎微有关。该墓又发现了女子骨骼，或为其妻妾之墓。萧慎微出使高丽时官至上将军、节度使，所以 A 级墓应属于高级官吏墓。

（二）B 级墓

主室最大值在 4 米以下，包括序号 5—11，几乎都有墓志出土。天庆三年（1113 年）的北京市百万庄 M1 形制特殊，前室大、后室小，各葬一人，各有墓志。前室是左卫率府率丁文道墓，后室是其子丁洪墓。所以此墓也可以视为两个单室墓。唐制率府率为正四品上，在辽国也应属于中级官吏，其阶为银青级而不是金紫级亦可为证。

赤峰大窝铺墓未见墓志，但有多件"官"字款三角形白瓷碟，也是与官

① 《新唐书》卷四九《百官志》，第 1279 页。
② 陈述辑校：《全辽文》，第 215—217 页。

有关的墓。

张世卿和耿知新都是中级官吏。耿知新亡时仅 15 岁，因出身于世选汉贵之家而被追赠为衙内都指挥使。张世卿则出身于大同府归化州富豪之家，因大安灾年开仓赈济而被封官入仕。韩师训、张世古都是无官品之富户，他们也使用了 B 级墓。张世古墓与张世卿墓都位于宣化下八里。下八里的张世卿家族墓地，壁画中可以看到家内奴仆众多。而从张世卿墓志铭中的善事中可以窥见张氏家族的财力雄厚，"大安中，民谷不登，饿□死者众，……公进粟二千五百斛"。为谢皇帝封官之恩而买地三顷，种异花四万余棵，中建二亭，北建道院、佛殿、僧舍，东建层楼巨堂，以待四方宾客。每年在天祚帝天兴节时，大办道场。不仅如此，"特造琉璃瓶五百只，自春洎秋，系日采花，持送诸寺致供。周年延僧一万人，及设粥济贫，积十数载矣"。宣化的这种富庶的豪族大姓，在辽代晚期之末也使用丁类 B 级墓。

A 级墓中保存较好的是中期的耿延毅墓，虽二次被盗，所余遗物仍较丰富。除出土有"官"字款瓷、影青瓷、青瓷、辽瓷外，还有十分珍贵的黄玻璃盘、绿玻璃把杯，以及银食具、银丝网络。晚期的萧府君墓、萧德温墓亦有较多的影青瓷出土。

B 级墓中的耿知新墓，未见被盗遗迹。所出遗物均为日用器，缺乏贵重之物。瓷器中以一般辽瓷为主。张世卿墓、韩师训墓、张世古墓也不见贵重之器。

五、戊类墓

单室墓发现数量最多，现以墓室最大值为序列表如下（表八）。

表八　戊类墓

序号	墓　葬	最大值（米）	墓志记身份、地位	其　他
1	彭庄 M1	6.25		
2	宝山 M1	6		题记："大少君次子"

续　表

序号	墓　　葬	最大值（米）	墓志记身份、地位	其　　他
3	宝山 M2	比 M1 稍小		
4	张家营子墓	5		二龙戏珠鎏金银冠
5	前勿力布格 M2	5		龙纹牌饰 壁画车辕雕龙凤饰
6	西翠路墓	5		
7	许从赟墓	4.92	大同军节度使	
8	北岭 M1	4.6		
9	王悦墓	4.5	宁远军节度副使、银青崇禄大夫、太原公	
10	尚昈墓	4.5	中京大定府少尹、朝散大夫、守太常少卿	
11	石板村墓	4.5		
12	前勿力布格 M5	4.2		龙纹带饰、鎏金凤冠
13	炮手营 M1	4.2		鎏金凤冠
14	姜承义墓	4.2	无官品，其子为节度使	
15	马直温墓	4.1	金紫崇禄大夫、右散骑常侍、柱国、开国公	
16	解放营子墓	4.1		银盏、银壶、银盘
17	叶茂台 M19	3.9		影青瓷、鎏金铜饰
18	上烧锅 M4	3.9		
19	扣卜营子 M1	3.73		
20	泉巨涌墓	3.6		
21	萧孝忠墓	3.6	静江军节度使	银带卡、带扣

序号	墓　　葬	最大值 （米）	墓志记身份、地位	其　　他
22	乌兰哈达墓	3.6		
23	冷冻厂墓	3.58		
24	二八地 M1	3.5		"大郎君"、13 件银器
25	巴扎拉嘎 M1	3.5		银碗
26	小刘仗子 M1	3.5		
27	海力板墓	3.4		鎏金马具、玛瑙带饰
28	温多尔敖瑞山墓	3.4		鎏金冠、鎏金面具、马具、带具
29	龚祥墓	3.4	无官品	
30	大西沟 M1	3.4		
31	砟硵科墓	3.3		"官"字款白瓷、错金剪刀
32	后刘东屯 M1	3.3		鎏金马具
33	二林场墓	3.2		鎏金牌饰、玛瑙佩饰
34	韩佚墓	3.18	始平军节度使、上柱国、开国男	
35	上烧锅 M1	3.1		
36	后刘东屯 M2	3.1		鎏金凤冠形饰、鎏金马具
37	尖山村墓	3.09		
38	谭庄 M1	3.06		
39	峦峰墓	3.05		
40	王泽墓	3	奉陵军节度使、金紫崇禄大夫、开国侯	

序号	墓　　　葬	最大值（米）	墓志记身份、地位	其　　他
41	安辛庄墓	3		
42	孙家湾墓	3		
43	李进墓	3		石棺题记：统□□监
44	韩相墓	2.94	辽兴军衙内马步军都指挥使	
45	张恭诱墓	2.9	富户	
46	大横沟 M1	2.9		
47	邓中举墓	2.9	保安军节度使	
48	余粮堡墓	2.85		
49	彭庄 M7	2.85		
50	大卧铺 M1	2.8		
51	彭庄 M3	2.8		
52	柴达木墓	2.8		
53	温家屯 M2	2.8		
54	张扛 M2	2.7		
55	彭庄 M5	2.7		
56	张世本墓	2.64	富户	
57	北三家 M3	2.64		
58	彭庄 M4	2.6		
59	彭庄 M6	2.6		
60	小塘土沟 M1	2.5		
61	西山村 M7	2.5		

序号	墓　葬	最大值（米）	墓志记身份、地位	其　他
62	小刘仗子 M4	2.5		
63	赵为干墓	2.5	银青崇禄大夫、检校工部尚书、行沂州刺史、飞骑尉、开国男、五品	
64	石嘴子墓	2.5		
65	洪茂沟墓	2.5	右班殿直、银青崇禄大夫、云骑尉	
66	山头村 M4	2.45		
67	赵匡禹墓	2.4	麓州刺史、遂州观察史、检校太保、上柱国	
68	敖包恩格尔墓	2.35		
69	西山村 M4	2.35		
70	汪家峪墓	2.3		
71	卧虎湾 M2	2.3		
72	豪欠营 M6	2.2		
73	新添堡 M29	1.9		
74	卧虎湾 M6	1.9		
75	嘎斯营子 M1	1.8		
76	嘎斯营子 M2	1.8		
77	卧虎湾 M4	1.8		
78	十里铺 M27	1.45		
79	卧虎湾 M3	1.2		

根据表八所列，现将戊类墓粗略分为四级。

（一）A 级墓

在序号 3 和 4 之间有一断空，序号 4 以下为连续变化，邻号之间的差值不足半米。所以，把序号 1、2、3 列为 A 级墓，室最大值在 5.5 米以上。

北京彭庄 M1 为圆形，阿鲁科尔沁旗宝山 M1 为方形，两者的面积基本相当。彭庄 M1 破坏严重。宝山 M1 保存稍好，室内有石房，石房两侧前端又有木过梁，上安置木门，形成围绕石房的侧室。墓室内分隔间的格局，俨若多室墓。墓道的下半部至天井为砖砌台阶地面，天井雕砖庑廊象征阔绰气派的门庭。墓室内壁和石房也遍绘精美壁画，人物头饰、衣饰、器具、花卉采用金箔进行装饰，做工精细。室内还有诸多题记、题诗。据 M1 的题记知墓主为"大少君"次子，年仅 14 岁的勤德，太祖天赞二年（923 年）下葬。该墓地上有城垣，南北两门，城门建瓮城。可见等级之高，非一般高官眷属可比，墓主必出身于契丹贵族中十分显赫的家族。以此推测 A 级墓应相当于丙类 B 级墓。

（二）B 级墓

序号 4—48，墓室最大径在 5 米以下，2.9 米以上。

B 级墓中有墓志者约占四分之一。其中授节度使官衔的有五人。辽代节度使与唐、宋都不同。《辽史·百官志·南面方州官》云："冠以节度，承以观察、防御、团练等使，分以刺史、县令。大略采用唐制。其间宗室、外戚、大臣之家筑城赐额，谓之'头下州军'。唯节度使朝廷命之，后往往皆归王府。"[1] 由于头下军州之领主享有特权，节度使不能有效行使职权，只起到监视的作用，所以后来将节度使任命权放在王府。周边小部族也设节度使统之，在《辽史·百官志·北面部族官》中就列出四十九个部族设节度使统之[2]。可见辽代实职节度使是握有地方重权的重要官职，所以，有的重要节度使令亲王、贵戚担任，如广陵郡王耶律宗教担任保义军节度使。从墓志中还可以看到辽对大臣王公遥授或追赠节度使，以表褒奖。如萧袍鲁任松山

---

① 《辽史》卷四十八《百官志》，第 812 页。
② 《辽史》卷四十六《百官志》，第 729 页。

州刺史、归州观察使有政绩，便"遥领静江军节度使"，后任北宰相，亡而"赠潞州节度使"。丙类墓中所见节度使，都是由皇亲国戚担任的节度使，所以他们的墓制自有其特殊性。戊类墓所见节度使，则应是代表了节度使本身所应使用的墓制规模。辽代节度使是高官中的低级官，这可从墓志文中得到证实。例如墓志中刺史、副节度使的阶是银青崇（光）禄大夫，而节度使的阶则是金紫崇禄大夫。可知辽代地方上高官与中官的界限正在节度使与副节度使之间。节度使墓最小的是邓中举墓，为 2.9 米，与 3 米接近。所以我们把 3 米以上到 5 米的单室墓列为辽代一般高官墓。其爵位有公、侯、男，但其丧事均未得到朝廷丝毫的关心，开国侯王泽的去世只是"仕裾闻之而挥涕，邻杵感之而辍舂"而已。戊类 B 级墓无论是从墓的规模，还是从墓志所见主人的实际地位看，都比丙类 B 级墓低。法库叶茂台 M19 和前勿力布格M5 也属于这一等级。两座墓位于皇亲国戚的墓地内，可能他们在皇亲国戚家族中的地位很低，如属于小妾、庶出、无官品等。

静江军节度使萧孝忠墓也属于这一级，静江军节度使为遥领。从驸马赠卫国王墓和萧德温墓是按照赠或加官级别建造墓室看，辽代这些加、赠在墓葬上是有等级意义的。萧孝忠的汉文墓志未见有与皇室有关的字样，丧葬也未得到皇帝的赠赗。辽代皇族姓耶律，后族姓萧，但不等于姓耶律的都是皇族，姓萧的都是后族。耶律庶箴在道宗咸雍十年（1074 年）上表曰："我朝创业以来，法制修明；惟姓氏止分为二，耶律与萧而已。始太祖制契丹大字，取诸部乡里之名，续作一篇，著于卷末。臣请推广之，使诸部各立姓氏，庶男女婚媾有合典礼。"① 可见耶律和萧姓除皇、后二族外，还包括其他不尊贵的庶人。出身于皇族季父房的耶律庶成因罪而黜为"庶耶律"②，萧惟信和萧德是"楮特部人"③，而萧韩家奴则是涅剌部人，耶律谐理是突举部人④，所

---

① 《辽史》卷八十九《耶律庶箴传》，第 1350 页。
② 《辽史》卷八十九《耶律庶成传》，第 1350 页。
③ 《辽史》卷九十六《萧惟信传》，第 1400 页。
④ 《辽史》卷一百三《萧韩家奴传》，第 1445 页；《辽史》卷八十五《耶律谐理传》，第 1315 页。

以，萧孝忠不是后族。解放营子墓也是契丹式墓，年代约在道宗早期，该墓壁画中有四人举旗仪仗，使用了一套银食具。据兴宗重熙十二年（1043 年）"诏世选宰相、节度使族属及身为节度使之家，许葬用银器；仍禁杀牲以祭"①，该墓主可能也是节度使级官。辽末之温多尔敖瑞山墓出鎏金冠，其地位也不低。从以上三例看，契丹一般高官墓与汉人一般高官墓的级别相当。

韩相官职较低，但韩相属于与皇家有关的人，所以，也可以把墓室建造的较一般中级官大，韩相墓志中未言其丧事得到皇帝或官府的任何关心。

中期的王悦为节度副使，也使用了 B 级墓。检王悦墓志，其曾祖为"北平王，英出万人，位荣一字"，其祖为明殿左相、太原郡开国公，其父为"左千牛卫大将军"，王悦墓志文前题"前宁远军节度副使、银青崇禄大夫、检校太子宾客、兼监察御史、武骑尉、太原公"，其官、阶、加官、勋都不高，只是爵高，似乎是承荫其祖父之爵。若按爵计，使用 B 级墓毫不为过。

姜承义无官品，墓志称其长子任"武定军节度"，显然是其子按高官礼遇安葬其父。

龚祥既不是出身名门，又无居官子孙，他信佛不仕，却也使用了 B 级墓。富户张恭诱墓也使用了 B 级中较小的墓。这两座墓都是辽末天祚帝时的墓，或可认为此时墓制已开始混乱，但张恭诱与其父张世古相比，还算是较能遵守制度了。

B 级墓未见玻璃器、珍玩等豪华和特别贵重之器，错金剪刀、银质器皿已算奢侈之物，但精美瓷器、"官"字款瓷仍有发现。

（三）C 级墓

包括序号 49—72，主室最大值约在 2.9 米以下，2 米以上。从表八可以看出，这是一般中级以下官吏和无官品的大富户之墓。爵位仅见"开

---

① 《辽史》卷十九《兴宗纪》，第 229 页。

国男"。

C级墓规模小，出于容纳葬具墓志和其他遗物的实际需要，平民中的豪族富户都需要建筑这样的小型墓室。因此，中下级官吏和大富户之间并没有区别。

C级墓中随葬品无贵重之器，张世本墓出土遗物其多，但多为明器，实用器不见精美或贵重之物。契丹式墓中除个别见有鎏金铜马具、鎏金铜面具外，也不见金银食具等贵重之物。

（四）D级墓

墓室最大值在2米以下。未见有职官的墓志出土。几乎所有的墓都是汉式墓。墓室较大的新添堡M29出土的刘承遂墓志铭载："长子曰：'孝者五事然备，奈阙于葬，岂为孝哉？'准价五十贯文，于孙权堡刘士言处买地九亩，择其日，选其时，卜宅兆而乃葬之。"[1] 用五十贯钱买墓地也需要下决心，并把此事当作大事而刻入墓志之中，可见主人财力并不雄厚。大同小型砖室墓壁画中的院门是篱笆门，所有车都是单马或单骆驼，没有螭首等华丽装饰，也反映了主人并不气派，但是壁画中有屏风、侍者、家具什物、马、车、门卫。因此，这些墓应属于平民中一般的地主富户墓。

D级墓随葬品都很少，以铜钱、陶器、瓷器为主，不见金银物品。新添堡M29是D级墓中随葬品较多的，计有铜钱36枚、瓷器7件、灰陶明器7件。

第二节 土 洞 墓

土洞墓实质与砖室墓、石室墓同，也有墓室、甬道、墓门、天井、墓道，唯营造简陋，没有使用砖石砌筑墓室，所以是较为低级的墓葬形制。

土洞墓发现数量极少，仅见于赤峰市敖汉旗范仗子M101和察右前旗豪欠营M7。

---

① 陈述辑校：《全辽文》卷十一，第332页。

范仗子 M101 为八角形单室墓，有木护墙。墓室径为 2.6 米，高 3.7 米，阶梯墓道。墓主人为老年女性，戴面具，铜网络。墓被盗，残留遗物有少量的辽瓷、陶器。墓道填土中有 1 具马骨架。

豪欠营 M7 为竖井墓道，长方形墓室，单室。后壁开龛。墓室长 2.01 米，宽 1.1 米，高 1.35 米。墓主人为成年女性。有木质葬具和席子，随葬品很少，只有瓷罐、瓷碗、铁刀各 1 件。

若参照砖室墓的等级划分，土洞墓相当于砖室墓戊类 C 级墓。

第三节　砖圹墓

砖圹墓没有墓门，没有甬道，以砖砌墓框，用石板或砖封顶。砖圹墓发现较少，规模很小，营造简陋，没有装饰。

朝阳刘承嗣家族墓地中发现的西山洼 M6，砖筑长方形，长 1.9 米，宽 1.3 米，深 1 米。顶铺盖一块大石板，用小石板堵缝。墓室底铺砖，中部有小堆骨灰，残存幼童肋骨，可能是早夭幼童之墓。仅随葬 3 件灰陶明器。

北票柳条沟 M1 的形制极为简陋，长 1.27 米，宽 0.74 米。壁用砖侧立而成，仅一块砖高。顶用砖平卧叠涩内收而成。墓室中部出一堆骨灰，以木匣为葬具，随葬 3 件陶罐、2 件瓷碗、1 件白石管珠。

辽阳市大林子墓是长方形砖圹墓，长 1 米，宽 1.13 米。石棺内套瓮棺。石棺上有题记式墓志，主人乃东京府内省判官、文林郎王翦之妻高氏。未见随葬品。

双辽县高力戈 M3，墓室长 2.6 米，宽 1.13—1.36 米，顶用砖封。单人，仅出土 1 枚铜钱、1 件陶罐和羊骨。M12 的墓室长 1.84 米，宽 0.8 米，双人葬，出土铜钱、骨管、铁刀和完整的羊骨架。

赤峰宁城县山头村 M5、嘎斯营子 M3 都是梯形砖框，四壁平卧砖八层，长 0.78 米，宽 0.2—0.3 米。内有小木棺，火葬，未见随葬品。

沈阳柳条湖墓为梯形砖框，长 1.2 米，宽 0.7—0.85 米，高 0.67 米。

内放一石棺，棺上置石经幢，上部穿透墓顶封砖。经幢上刻有："清宁二年丙申岁九月小庚辰朔二十九日乙时葬，前随驾马步军都孔目官张宁，男文质，葬讫。"无其他随葬品。都孔目官是下级官吏，掌管文书，任检点文字之责。

　　总之，砖圹墓营造简陋，随葬品贫乏，反映了墓主人经济地位低下。但是，他们能买墓地建墓，可见并不是社会最贫穷阶层。题记中有内省判官、马步军中的都孔目官正说明了这一点。辽制"富者从军，贫者侦候"[1]，张宁家亦算作当时的"富户"之列。但他们与龚祥、韩师训、张世卿等富户相比，经济实力相差悬殊。所以，这类墓主应是一般富户。

第四节　石　圹　墓

　　石圹墓是指没有墓门、甬道、墓道的石筑墓，俗称石棺墓。因砖室墓、石室墓、砖圹墓都有用石棺为葬具的，所以本书暂别名为石圹墓。

　　石圹墓发现甚少。巴林右旗沙巴尔台苏木的塔布敖包发现两座。都是用石板平砌墓两长壁，上用石板封盖，下用石板衬底。M1圹内长2.34米，宽0.44米，高0.45米。M2圹内长1.38米，宽0.26米，高0.17米。M1葬一成年女性，M2葬一少年。M1出土器物较多，共27件，皆为日用之器，有陶器、骨簪、铁灯、斧、刀、剪、玛瑙饰。M2仅随葬1件罐。

　　扎鲁特旗的荷叶哈达墓也是石板砌筑的墓圹，长1.95米，宽0.5米，出土有3件陶器、羊骨、羊角，以及铁刀和铁矛。

　　上述墓葬均属于唐末辽初的契丹式墓，从墓室狭小、不见瓷器和金银器分析，墓主经济实力、地位较低，可能是契丹平民之墓。

　　尚义县囵圄村、康保县白脑包墓是在土坑圹内用石板砌筑长方形"石棺"。调查时，随葬品已被人取出，每墓出土49至50余件器物。据调查报告，遗物全部出于"棺"内，若调查不误，则也应是石圹墓。

---

　　[1]　《辽史》卷一百三《萧韩家奴传》，第1446页。

第五节　竖穴土坑墓

土坑竖穴墓发现较多，但报道的很少。主要资料有以下几批。

齐齐哈尔长岗墓，长 4.6 米，宽 1.8 米，是最大的土坑墓。单人，男性，随葬马、鎏金马具、兵器、头盔、权杖，出土崇宁重宝，相当于辽乾统二年（1102 年）始铸。据此判断墓主为辽末战死之武官，可能是临时埋葬。

科左后旗呼斯淖墓，属辽早期。墓坑底长 2.5 米，宽 1.6 米，深 2.5 米。单人，男性，出土 8 件陶器、2 件釉陶器、4 件铁工具、46 件镞、1 件剑、1 件矛、2 套马具，其中马具上的牌饰、铜铃鎏金鎏银，此外还有铁釜、铜镜、砺石和饰品、羊骨架。该墓是土坑竖穴墓中出土物最丰富的。

哲盟霍林郭勒市发现的 1 座土坑竖穴墓①，也是单人男性墓。墓坑长 2.15 米，宽 1 米，上盖石板 13 块，仅随葬 1 套马具和武器、羊骨架。

巴林右旗巴彦琥绍墓长 2.6 米，宽 0.7—0.8 米，出土 3 件陶器和铁刀、铁铃、玛瑙珠和蓝玻璃珠。

通辽乌斯吐墓，长 1.2 米，宽 0.4 米，火葬，骨灰上盖桦树皮，出土 3 件陶器、2 件铁器、1 件砺石。

巴林左旗双井沟 MA，方形土坑，边长 1.55 米，多人合葬，6 个瓮棺陶罐，出土 6 件羊距骨、1 件碗、1 件罐。

双辽高力戈墓地发现土坑墓 10 座，均为仰身直肢葬。最长的是 M7，长 2.75 米，宽 1.88 米；而最小的长 1.46 米，宽 0.57 米。出土遗物极少，最多的有 1 件瓷碗、5 件铁镞、1 件骨盒、1 件指环；最少的仅有 1 件贝饰或 1 件铁刀。

此外，在北京海王村发现土坑竖穴墓，但尺寸不详，破坏较重。出土随葬品为辽陶瓷。

阿鲁科尔沁旗道尔其格墓是圣宗后期之墓，该墓形制报道得较简略，为

---

① 哲里木盟博物馆：《内蒙霍林郭勒市辽墓清理简报》，《北方文物》1988 年第 2 期。

"长方形木棺墓"，墓圹长 3 米，东西宽 1.8 米，内放长 2.77 米、宽 0.87 米的木棺，棺盖为方木，其上覆细柳条一层，再上铺苇席，以石板压其上。木棺带有头箱，清理的遗物有兵器（箭壶、铁骨朵）、1 套马具（包括镫、鞍、牌饰）、皮兜、1 对马上所用鸡冠壶。

长岗墓和呼斯淖墓的随葬品较丰，有鎏金器，虽为土坑墓，主人也应是契丹平民中的一般富户。我们暂称之为 A 级墓。其余墓随葬品少，为随身所用之物，应是贫困的契丹平民之墓，暂称为 B 级墓。

除上述各类墓外，据金永田论文披露，还发现过较多的僧尼之墓，但是该文只有关于僧尼墓的瓮棺及铭文的叙述，墓的形制和伴生之物则未谈及①。

第六节　小　　节

根据上文分析，辽墓至少存在八个等级，简单归纳如表九。

表九　辽　墓　等　级

等　级	类　　别	墓主阶层
一等墓	砖室甲类墓	皇　陵
二等墓	砖室乙类墓	国　王
三等墓	砖室丙类 A 级墓	王、郡王
四等墓	砖室丙类 B 级墓 丁、戊类 A 级墓	皇亲国戚任高官
五等墓	砖室丙类 C 级墓 丁、戊类 B 级墓	一般高官 皇亲国戚任中、下级官
六等墓	砖室丙类 D 级墓、戊类 C 级墓 土洞墓	中级以下官吏 大富户

---

① 金永田：《辽上京城址附近佛寺遗址及火葬墓》，《内蒙古文物考古》第 3 期，1984 年。

续　表

等　级	类　别	墓 主 阶 层
七等墓	砖室戊类 D 级墓 砖圹墓 石圹墓 土坑 A 级墓	部分低级官吏 中小富户
八等墓	土坑 B 级墓	贫　民

前四等级墓规模宏大，构筑复杂，雕梁画栋，装饰豪华，奢侈之物，到处充斥。这些大墓都有地上的相应建筑，但今日多已不存遗迹。其中规模较小的"大少君次子"勤德墓（宝山 M1）还存有方形的墓茔城垣，建有瓮城门。耶律琮墓遗有石像生。构建这样的大墓，耗资巨大，据墓志可知，这些大墓的丧事费用得到官府不同力度的支持。《辽史》记：统和三年（985 年）"南院大王谐领已里婉妻萧氏奏夫死不能葬，诏有司助之"①。其言"不能葬"应是依其个人财力不能按照规定的等级安葬，这即可以看出当时大贵族丧事耗资之大，又使我们了解到，非近亲宠臣之丧得不到皇帝赐赠，若财力不能够按等级出丧者，还可以向上奏请经费。从墓志可以看到，皇帝对这些人的去世要依例表示震悼甚至辍朝。所以，前四等级墓的主人是辽朝的特权阶层。

第五、六、七等级墓的主人是一般官吏和富户，他们是辽朝的中间阶层。尽管他们有的品阶较高，爵位有被封为公侯者，但墓构筑的较小，随葬品也没有前四等级奢侈丰富。广德军节度使开国公张让墓的具体尺寸未见报道，但该墓为简陋的小型砖室圆形墓，墓志也极为简陋，仅寥寥数言。这些人的丧葬费用得不到官府的支持，墓志中也未见皇帝对他们去世有任何关注的表示，只能是"仕裙闻之而挥涕，邻杵感之而辍春"（王泽墓志），所以这些官僚公侯与前四等级墓主在享受社会财富、政治权力地位上实际有别。富户与贫户在辽朝的社会地位、权利、义务都有较大的区别。《辽史》载

---

① 《辽史》卷十《圣宗纪》，第 115 页。

"选富民防边，自备粮糗"①，"富者从军，贫者侦候"②，兵源缺乏时才"苟无上户，则中户当之"③。辽末战事迭起，辽军溃散较多，才从辽东饥民中招募军人，组成"怨军八营"④。富户有从政的权利和多种入仕的途径，道宗时还"立入粟补官法"⑤，张世卿就是凭"进粟二千五百斛"而得到"右班殿直"的朝官。所以第五、六、七等级墓主应划为一个大的阶层。

第八等级墓的主人是贫苦阶层。他们位于社会底层，受剥削压迫最重。目前公布的这类墓数量比发现的少得多，它们对于探索当时的阶级构成，了解底层人的生活、信仰也很重要，应该引起重视。

辽国并不是等级森严的社会，而是带有原始部落制的残余，反映在墓制中，则表现为禁制疏阔。相对而言，前四等级墓限制较为严格，但仍有例外，包括皇陵级墓。辽朝皇帝对丧葬等级并不是十分看重，这不仅表现在太宗能容忍赵德钧墓僭越，而且在对近亲宠臣亡故的赠赗上经常是不按规定，破坏制度。如墓志中所载，对萧义"赗赙之礼，并加常数"，对萧袍鲁"赗赠有加常等"，"襄事所须，皆从官给"，对陈国公主"追封之命，赗赠之仪，并加于常典"，对耿延毅"闻之震悼，有加制赠，特赐白金二十斤、布帛三百段、钱二十万、衣三袭，充赗赗焉"。上行下效，统和九年（991年）诏诸道"禁奢僭"⑥，说明在圣宗时奢侈僭越已成为带有普遍性的社会问题。由于我们今天不知当时墓制的规定，也就不能确定实际属于奢僭墓的准确比例。根据考古发现推定的奢僭墓数量要比实际少，但这对于下面各期变化趋势的推测结果影响不大。

辽太祖天赞二年（923年）宝山 M1 为戊类 A 级大墓，太宗会同四年（941年）东丹国左相耶律羽之墓全长 30 米。报道有主室和侧室（具体结构

---

① 《辽史》卷一百三《萧韩家奴传》，第 1446 页。
② 《辽史》卷一百三《萧韩家奴传》，第 1446 页。
③ 《辽史》卷一百三《萧韩家奴传》，第 1448 页。
④ 《辽史》卷四十六《百官志》，第 741 页。
⑤ 《辽史》卷二十五《道宗纪》，第 296 页。
⑥ 《辽史》卷十三《圣宗纪》，第 141 页。

未报道），墓门楼和墓室、棺床用琉璃瓦装饰，金碧辉煌。按其官职应为五等墓，但东丹王浮海而去，东丹国实际由耶律羽之奉旨统领，因此，也有可能使用三等墓。所以，至少从辽初起，契丹已建立起墓葬的等级制度。那么各期段的墓制等级严格程度有何差别？早期有墓志者为耶律羽之墓、驸马墓、赵德钧墓、许从赟墓，有题记者为宝山 M1。太宗至穆宗时期有赠齐王赵德钧墓使用皇陵级墓，可见自早期始，制度就不甚严格。中期有墓志者多。属圣宗朝的有耶律延宁墓、萧仅墓、陈国公主墓、刘宇杰墓、王悦墓、姜承义墓、韩佚墓、韩相墓、耿延毅墓、耿知新墓，属兴宗朝的有耶律宗教墓、清河门 M1、赵为干墓、王泽墓。其中，耶律延宁墓偏大，尚未越出等级，无官品的姜承义使用了一般高官级的戊类 B 级墓，但他是节度使之父，其余都符合相应的身份地位。所以，中期墓制执行情况较好，无大的越轨。晚期的道宗朝有耶律仁先墓、萧袍鲁墓、尚晞墓、萧孝忠墓、萧德温墓、洪茂沟墓、赵匡禹墓。天祚帝时期有萧义墓、梁援墓、马直温墓、龚祥墓、张世本墓、张世卿墓、韩师训墓、张世古墓、百万庄 M1。道宗朝还未见不符合制度的。天祚帝时的墓中，尚父北宰相萧义使用了三等墓。既不出于名门又无子孙任官的平民龚祥使用了五等墓。而辽归化州的无官品的豪族在天祚帝时流行起双正室墓。银青阶的张世卿墓室内门上还画出大幅的双龙图，这种图仅见于圣宗陵。所以在天祚帝时期，特别是在天庆年间，墓葬制度执行明显不如以前严格，在宣化等少数地区，已遭到破坏。辽末墓葬制度的混乱，除了越制多外，降格使用的墓也应存在，不过现在我们还不能确定哪些墓一定是降格墓。

北面官和南面官在墓制等级上是否不同？现有的资料还不能肯定两者有别。从墓志记主人的升迁官职中往往有既任过北面官又改任南面官的，还有的同时兼两种官。若以最后官职为准，耶律延宁的官职和加官与陈国公主之驸马萧绍矩、萧仅相当，他们都属于皇亲国戚，前者为北面部族官，后两者为南面方州官。耶律延宁墓大于另两座墓，似乎有别。这个问题应在今后墓志资料进一步积累的基础上，进行继续探究。

汉族人与契丹族人在墓限等级上是否有别？静江军节度使萧孝忠墓是契

丹一般高官墓，单室，直径为 3.6 米。解放营子墓可能也是节度使级之墓，直径为 4.1 米。汉族的大同军节度使许从赟墓直径 4.92 米，奉陵军节度使王泽墓直径 3 米，始平军节度使韩佚墓直径 3.18 米，可见并无不同。汉族梁援、耿延毅为皇亲任高官，他们的墓与萧袍鲁、萧仅、萧德温墓大致相同。从这些例子来看，汉人墓与契丹人之墓在等级上并无大的差别。

辽墓存在契丹式墓和汉式墓，那么，是否存在两种等级制度？汉式墓中，赵德钧墓为皇陵级，使用了砖室甲类墓，与圣宗陵大致相同。燕王刘仁恭之后刘宇杰为中级官吏，属汉式墓，墓形制大体与皇亲任中级官吏的山嘴子 M1 大致相当，为丙类 C 级。汉式墓中的节度使韩佚墓与萧孝忠墓相同。因此，汉式墓与契丹式墓的等级制度基本相同。契丹式墓中多用多室的丙类墓，而汉式墓多为圆形单室墓。汉式墓缺少二等、三等墓的实例，这与辽国的权力中心是以契丹大贵族为主有关，更与辽朝对皇亲国戚往往在葬仪上破格优待有关。

第五章

辽墓区域研究

据已公布的辽墓资料分析，辽墓可分为南、北、东三个区域，北区以契丹式墓为主，南区则基本为汉式墓。南区与北区大体以长城线为界。北区的中心在西辽河流域，张家口地区长城以北的张北、尚义发现的墓以契丹式墓为主，而长城以南的宣化、涿鹿所见墓葬则是汉式墓。再往西行，在内蒙古商都县、察右前旗发现的墓葬也是契丹式墓。跨过长城，与之毗邻的大同地区则为汉式墓，尽管它们行政隶属均归西京道。北区跨内蒙古、河北、辽宁的交界，故暂命之为蒙冀辽区。东区典型的契丹式墓很少，晚期又盛行画像石墓，所以辽东区的中心是辽阳和鞍山地区。沈阳地区公布的墓甚少，未发现画像石墓，但流行带题记的小石棺墓，却与辽阳相同，所以，我们把沈阳也划入辽东区的范围。辽东区与蒙冀辽区的交界大致以下辽河为界。蒙冀辽区的中心在东部的赤峰、哲盟南部、阜新、承德一带，而西部的墓葬数量少，墓葬面貌与东部无明显差异，所以仍归为一区。

南区墓葬集中发现于北京、宣化、涿鹿、大同郊区，四处墓葬亦有不同，可分为三小区。此外，唐山的迁安和天津的蓟县也发现有辽墓①，公布的资料甚少，暂时看不出与北京辽墓存在明显差别，所以把京津唐归为一区。

第一节　蒙冀辽区（北区）

契丹与鲜卑、女真、蒙古、满族不同，终辽一代，始终把统治的中心放在发祥地——西辽河流域，而把占领的渤海、燕云十六州的部分农民和工匠迁往西辽河流域，以充实那里的人口和生产力。在皇帝的封赐下，辽代的契丹大贵族和极少数有大功的汉族人在这一地区建立起私人领地——头下军州。在这一地区发现的辽墓占已公布的辽墓总数80%以上，而大型墓几乎都

---

① 1984年、1985年分别在蓟县发现了抬头村和官庄辽墓，前者为汉式墓，后者为契丹式墓，武清县李老村也发现一座墓，参见文物编辑委员会编：《文物考古工作十年》，文物出版社，1991年，第22页。

分布在这一带也就不足为奇了。

一、早期

本区已发现的早期辽墓几乎全是契丹式墓。早期契丹式墓的主要特点可就以下几方面进行分析：

1. 形制

就墓室平面形状而言，早期有方形（包括长方形）、圆形和不规则形三种形式。砖室墓和石室墓中，属于方形墓的有宝山 M1、M2、耶律羽之墓、海力板墓、驸马墓、余粮堡墓、敖包恩格尔墓、大横沟 M1、白玉都墓等，圆形墓有南皂力营子 M1、沙子沟 M1、二八地 M1、砟碌科墓等。后刘东屯 M1 墓室为不规则形，其后部为方形，而前部为抹角八字形，整体形状如马镫。有学者曾根据纪年墓中最早的圆形墓是统和四年（986 年）耶律延宁墓，提出本区圆形墓的出现晚于方形墓的论断[1]。然而纪年墓毕竟只是墓葬中很少的一部分，且年代越早，纪年墓越少，根据本研究的类型学分期断代，非纪年墓中圆形墓的出现年代并不比方形墓晚。南皂力营子 M1 的年代应在辽初，其主室和耳室都是圆形。而在唐代，长城内外也流行圆形砖室墓，在朝阳地区的唐墓中就不乏其例[2]。契丹的砖室墓是承唐墓而来，所以圆形墓在本区出现的时间不会晚于方形墓。

墓葬建筑材料和结构呈现出多样性。石室墓很少，仅敖包恩格尔墓一例。砖室墓占绝大多数，砖石混筑墓和土坑竖穴墓等也有一定数量。此时已使用辽代特有的沟纹砖砌墓，墓顶皆为穹隆式，自南皂力营子 M1 始，墓顶砖券不合拢，留出一孔，用一块大石板或石块封压，这是辽墓开始出现的一个重要特征。南皂力营子 M1 只有一个耳室（侧室），该耳室不是位于主室

---

① 王秋华：《辽代墓葬分区与分期的初探》，《辽宁大学学报》1982 年第 3 期。

② 金殿士：《辽宁朝阳西大营子唐墓》，《文物》1959 年第 5 期；朝阳地区博物馆：《辽宁朝阳唐韩贞墓》，《考古》1973 年第 6 期；北京市文物工作队：《北京市发现的几座唐墓》，《考古》1980 年第 6 期；内蒙古自治区文物工作队：《和林格尔县土城子古墓发掘简介》，《文物》1961 年第 9 期；洪欣：《北京近年来发现的几座唐墓》，《文物》1990 年第 12 期。

两侧，而是位于墓门之外天井一侧。这与后来的辽墓耳室位置不同。黄河流域的唐墓天井两侧带耳室是司空见惯的①，因此，南皂力营子 M1 结构乃是唐墓之余韵。1 段的宝山 M1、M2 是单室大墓，墓内有石房，石房两侧设木门前后相通，从而构成单室分隔间的特殊结构。这种特殊形制，亦见于朝阳唐墓，在"朝散大夫"墓中，室内设隔断墙，把墓室分成 5 个小室，各有券门相通②。所以，宝山 M1、M2 的特殊形制是承唐"朝散大夫"墓的遗风余绪。

属于 1 段的白玉都墓和耶律羽之墓是多室墓，侧室位于甬道两侧，这是后来多室墓的通用形制。

1 段未见柏木护墙，在 2 段中出现了柏木护墙，如驸马赠卫国王墓、砆碌科墓。后者为戊类 B 级墓，属第五等级。

总之，在墓的形制上，砖室墓和石室墓来源于唐墓，在 1 段时仍存留较多的唐墓遗风。同时，1 段时辽墓已初步形成自己的特点，如使用沟纹砖，券顶留孔并加封石，石室和砖石混筑墓占有一定比例，甬道两侧或前室带耳室等。2 段时墓形制趋于统一，石圹墓、分隔室墓、耳室位于墓门之外的墓都不见了。在砖室墓内，已出现使用柏木护墙的做法。

2. 雕砖壁画

近年会同四年（941 年）的耶律羽之墓和天赞二年（923 年）的宝山 M1、M2 先后发现，把辽墓雕砖壁画的出现时间推进到辽初。耶律羽之墓还使用了罕见的琉璃砖作墓室壁、顶、棺床、地面的装饰。宝山 M1、M2 均有彩绘壁画。宝山 M1 天井壁彩绘立柱、斗栱、椽瓦、屋檐表现木构廊庑建筑。墓室内东壁画侍者牵马图，西壁画侍者。这两种题材并不陌生，在北方唐墓壁画中早有发现，如山西金胜村七号唐墓中就有影作木构建筑、牵骆驼和鞍马图③。内蒙古和林格尔土城子唐晚期至五代的墓地中，墓门为仿木构门楼，墓室内已普遍画出立柱、斗栱、椽瓦、屋檐，东壁画鞍

---

①　昭陵文物管理所：《唐尉迟敬德墓发掘简报》，《文物》1978 年第 5 期。

②　金殿士：《辽宁朝阳西大营子唐墓》，《文物》1959 年第 5 期。

③　宿白主编：《中国美术全集·墓室壁画》，文物出版社，1989 年，图版一〇四。

马，西壁绘骆驼①，这与宝山辽墓的装饰十分相似。宝山M1、M2的石室内外壁彩绘人物图也与唐墓中的石椁内外壁线刻人物图做法相似②。M2石室所绘神话故事图中的仙女，躯体和脸部都颇丰腴，站立行走都采取S形的造型，与唐墓常见"仕女"形象相同。云鹤图也源自唐墓壁画③。所以，辽初之墓壁装饰艺术来源于唐墓。但辽代特有风格已开始出现：如反映现实生活的各种图采用写实手法，人物、鞍马都老老实实地忠于客观，缺乏灵动气韵；神话故事和祥瑞仙道题材则采用笔触灵动飘逸手法；现实生活图中既有反映家内生活的宴饮、侍者等，又有反映野外活动的备马、猎狗、牧羊等。

　　在规模较小的五等墓中也有雕砖、彩绘装饰。如上烧锅M1西壁彩绘放牧图和门神图。二八地M1石棺上彩绘放牧图、卓帐图、鞍马图等。这类"葬具壁画"在早期较多，如宝山M1有彩绘木雕小帐，海力板墓有彩绘木棺，但这两件都朽毁过甚。契丹本以游牧为主，兼营渔猎，辽建国后契丹人仍从事牧猎，上烧锅M1和二八地M1彩绘就是这方面的真实写照。上烧锅M1还有雕砖桌椅。桌椅这一类家具是唐代才在中国兴起的。在唐高元珪墓中已有高椅形象④，唐末五代时才广为流行。上烧锅M1是墓室中出现雕砖桌椅的较早例证。该墓的北壁和东壁都只雕砌一桌一椅，与宋、金、元流行的一桌二椅的雕砖图有所不同，后者可能是表夫妇恩爱的"开芳宴"图的简化形式⑤。

---

①　内蒙古自治区文物工作队：《和林格尔县土城子古墓发掘简介》，《文物》1961年第9期。

②　陕西省博物馆等：《唐李寿墓发掘简报》，《文物》1974年第9期；陕西省文物管理委员会：《长安县南里王村唐韦泂墓发掘记》，《文物》1959年第8期。

③　唐永泰公主墓后通道顶部遍绘云鹤。见陕西省文物管理委员会：《唐永泰公主墓发掘简报》，《文物》1964年第1期，第17页。李寿墓所用云纹为汉式勾连云纹。永泰公主墓云鹤图已出现唐式风格的云纹，即云朵头硕大，短身，细长尾，无旁枝。辽陈国公主墓典型辽式风格的云纹是小云朵头，短身（比唐长），短尾，有旁枝。辽末云纹有的身变长，旁枝长而朵头偏离躯干。可知辽式云纹是承唐而来。介于过渡时期的宝山M1和耶律羽之墓中的云鹤图均未发表，辽初云纹是照搬唐式还是形成了自己的风格，尚且不知。

④　贺梓城：《唐墓壁画》，《文物》1959年第8期。

⑤　关于"开芳宴"宿白先生的详细考证，参见《白沙宋墓》注53，文物出版社，1957年。

3. 葬具

本区的葬具是复杂多样的，有棺、椁、小帐（棺室），每一类又有各种形制。早期未见椁。小帐自辽初时已出现，宝山 M1 有彩绘木雕小帐，驸马墓也有小帐。宝山 M1 的小帐被发现人拆毁，具体形式不明。驸马墓的小帐保存得不好，难以复原全貌。驸马墓的小帐外有栏杆，栏杆上有望兽、火珠，帐壁为二层板，有横竖带，并镶盘龙铜饰，顶部无存，壁外悬织金帷幔。

海力板墓发现了彩绘木棺，二八地 M1 有大石棺，南皂力营子 M1 有木质葬具的遗留物，不能肯定为棺。

早期帐与棺未见共出者，而且帐见于等级较高的大墓中（一至四等墓），如乙类驸马墓，丙类 B 级墓中的沙子沟 M1，戊类 A 级墓中的宝山 M1；棺则见于五等墓中，如海力板墓和二八地 M1 均属于戊类 B 级墓。

4. 随葬品

早期随葬品中马具和兵器十分丰富。宝山 M1、M2 被盗一空，耶律羽之墓所出之物丰富，尚未发表种类清单。驸马赠卫国王墓虽然被盗两次，仍然出土了 8 套马具、30 枚鸣镝、20 枚铁镞，还有刀、矛等兵器。高等级的沙子沟 M1 也遭盗扰，仍出土了 6 副马镫、3 副马衔和 133 件装饰品，可见，随葬了 6 套马具，此外还有 74 枚形式繁多的镞、5 件矛和 1 件剑。在中等级和低等级墓中，马具和兵器仍占有重要地位。海力板墓发现了 2 副马衔、1 副马镫和较多的马铃、扣环，以及 4 件矛、1 件刀、1 件铁骨朵、20 枚铁镞。而南皂力营子 M1 的主人虽为女性，仍出土 1 套马具、1 件银箍木柄的瓷骨朵。呼斯淖墓为土坑竖穴墓，也出土 46 件镞、1 件剑、1 件矛、1 件刀和 2 套马具。"契丹旧俗，其富以马，其强以兵。纵马于野，弛兵于民。有事而战，骟骑介夫，卯命辰集"[1]，"辽国兵制，凡民年十五以上，五十以下，隶兵籍"[2]。辽国契丹人是兵民合一制度，早期辽国开疆拓土，连年征战，威

---

① 《辽史》卷五十九《食货志》，第 923 页。
② 《辽史》卷三十四《兵卫志》，第 397 页。

服四方，对善于骑射的契丹人来说，骑射比任何时候都重要。那么，在墓葬中就也对随葬马具和兵器给予特殊重视。

早期墓中，陶器占有相当数量，尤其是低级墓中，陶器数量较多。例如，丙类 D 级的南皂力营子 M1 出土 5 件陶器、2 件瓷器；戊类 C 级的通辽余粮堡墓，出土了 3 件陶鸡冠壶、1 件陶罐，未见瓷器；土坑竖穴墓中的呼斯淖墓出土遗物虽然较丰富，但未见瓷器，只有 2 件釉陶器，以及包括 2 件鸡冠壶在内的 8 件陶器。中等级的海力板墓出土 22 件瓷器、6 件陶器。高等级的驸马墓出土 58 件瓷器（包括釉陶器），还有 100 多片碎瓷片，未见有陶器。早期辽墓中瓷器主要集中在中等以上墓中，说明辽境早期瓷器生产规模有限，外来瓷器亦非一般民众能得，瓷器还是一种奢侈品。

南皂力营子 M1 出土的瓜棱陶罐口部破裂，仍缀补使用，该墓随葬的马具上有铁质牌饰，也与等级较高的墓中所见鎏金、嵌玛瑙马具形成明显反差。辽建国初，契丹本族内部的阶级分化程度由墓葬亦可见一斑。

早期贵族墓随葬较多的金银容器，东丹国左相开国公耶律羽之墓和驸马赠卫国王墓中都有较多的金银器。而戊类 B 级的二八地 M1 也出有较多的金银器，包括金耳环 6 件，以及银壶、银盏、银碗、银托、银杯、银号角等多种器具。然而，十墓九盗，金银器又是盗墓者首先劫掠之物，因此，多数墓中难见金银器皿。

早期未见确切无疑的汉式墓例。有两座墓可能属于早期汉式墓，在此作些讨论。

其一是柳条沟 M1。该墓为砖圹墓，长 1.27 米，宽 0.74 米。火葬。出土遗物有 2 件泥质灰陶器、1 件夹细砂大口罐、2 件瓷碗、1 件白石管。1 件陶罐的肩部刻划一较大的汉字"杨"，有可能为使用者所为。墓中随葬品也不见契丹墓常见之马具、箭镞等典型之物，因此，该墓可考虑为汉人墓。至于墓中出土的 1 件夹细砂叠唇大口罐，属契丹式陶器，但该器与契丹墓所出之典型者不同，砂细，颈不明显，腹外鼓较甚，有可能是汉人制造的仿契丹大口罐之器。通过有实足底的瓷碗，大口罐纹饰有空白带作风，不见灰陶明器判断，该墓时代可能为辽早期。

　　其二为孙家湾墓。这是一座圆形石室小墓，墓向南偏西，与一般契丹墓东向或东南向、西北向不同。墓内骨架头西脚东，也与一般契丹墓头向相反。该墓出土了6件石俑，其中有2件伏听俑，为辽墓中仅见，这是唐宋流行的镇墓俑。石床雕击鼓、打拍板等汉族乐舞人物，侍者均为汉族装束，随葬品不见马具，所以该墓也可能是汉族人之墓。墓内出土2件大口罐，形态与柳条沟 M1 所出者相似，所以暂将该墓列入早期。

　　两墓未见中晚期常见的灰陶明器，有实用陶瓷器，火葬已出现。朝阳汉人唐墓中已有火葬，如唐韩贞墓内就发现有骨灰。内蒙古土城子唐墓中也有火葬的。因此，本区在早期就有火葬是完全可能的。火葬与信佛有关，而孙家湾墓墓主的头西脚东也可能与信佛有关。佛教在五代时曾受到后周灭佛的打击，而在辽地，自太祖阿保机始，辽历朝皇帝都提倡尊儒崇佛、重道，佛教在辽地反而盛于中原。

二、中期

（一）契丹式墓

据墓志记载，中期契丹式墓中有一部分明确为汉人墓。

1. 形制

方形墓和圆形墓仍继续流行。圆形墓的数量比早期多，约与方形墓所占比例相当。4 段时八角形墓开始出现。辽代最早的有纪年的八角形墓是太平八年（1028 年）李知顺墓和太平九年（1029 年）萧仅墓。宁城李知顺墓被盗毁，仅在《辽李知顺墓志铭跋》中有只言片语介绍。李知顺墓为石筑八角形，内衬木护墙，尺寸不详。暂将该墓归入契丹式墓中。李知顺为扬州节度使、检校太傅、开国伯，志称"秩预五侯，官逾三品"，其夫人幼年为皇后养于内宫①。这也是与皇家有瓜葛的高官墓。与该墓年代相当的北岭 M1 和比之为晚的大营子 M3 也是八角形墓。砖室墓和砖塔的修筑技术、雕砖装饰是相互影响的。唐代塔平面为方形，五代吴越的云岩寺塔（959 年建）已变

---

① 李逸友：《辽李知顺墓志铭跋》，《内蒙古文物考古》创刊号，1981 年。

成八角形①，辽塔也是八角形的，因此，辽八角形墓是受塔的变化而出现的。

中期使用木护墙的墓增多，仍限于五等级墓以上。耶律延宁墓、陈国公主墓、前窗户墓、清河门 M1、查干坝 M11、张家营子墓、北岭 M1、大营子 M3 等都使用了柏木护墙。早期和中期的木护墙与墓室的平面形状一致，受八角形墓室的影响，中期 5 段又出现圆形墓室内筑八角形木护墙的新做法。重熙十五年（1046 年）以前的秦晋国大长公主墓就是此种形式。

2. 装 饰

中期 3 段、4 段墓葬装饰保存较好的是叶茂台 M7、陈国公主墓、耿延毅墓、木头营子 M1。

墓室周壁仍以人物立像为常见。景圣之交的叶茂台 M7 女侍仍带有早期较胖的特点。开泰时期的陈国公主墓和耿延毅墓的人物已更加真实自然，脱去唐风。

陈国公主墓幸存天象图，为深蓝色天空中缀满白色星点。唐宋墓的天象图中有银河，陈国公主墓的墓顶天象图未发表图像资料，文字描述时，也未提到有银河，耿氏墓也只有太阳、月亮，联系其他辽墓（包括汉式墓）都未报道有银河的情况。所以，墓中天象图没有银河可能是辽墓壁画的一个特点。

墓道饰壁画也始自 4 段的陈国公主墓。该墓墓道两壁壁画相同，以稀疏流云和廊庑建筑为背景，画契丹马夫牵一匹骏马，面向墓道口站立，静候主人出行。天井未见壁画。影作廊庑是继承早期 1 段的宝山 M1 壁画，只不过把它从天井移到了墓道，是辽墓墓道壁画的先声。

陈国公主墓的门洞上部保留有半圆形木板，上有缠枝牡丹彩绘。门洞之上的额墙，也画两幅牡丹花，各呈三角形的外轮廓，左右对称分布于门洞上角，与中晚期相较面积小而轮廓规整。

兴宗景福元年（1031 年）的圣宗陵装饰别具一格，既体现了辽皇陵的特点，又具时代风貌。1949 年前在揭露出的靠近墓门的部分有持骨朵的仪

---

① 《中国建筑史》编写组：《中国建筑史》，中国建筑工业出版社，1986 年，第 106 页。

仗人员和一匹鞍马，最近的清理中又发现有高轮大车①。墓门外影作廊庑建筑此时已全部隐去。前室、诸侧室及甬道壁绘侍立的契丹和汉族大臣像，俨若圣宗之行帐。有的人像肩部上方存留契丹文榜题，田村实造据书体不一而认为是大臣们在代替真身的像上自书其名，以示忠心②。主室四壁画四季捺钵风光图。四季捺钵是辽代的特殊制度，"四时各有行在之所，谓之捺钵"③，皇帝及其臣僚随从在捺钵之处不但要处理一些政务，还要进行狩猎捕鱼活动。圣宗陵的主室绘四季捺钵风光图，表现了不同季节捺钵狩猎的对象及环境，反映了捺钵之制和契丹游猎习俗的密切关系。门上和界格柱上都绘以龙纹。

库伦旗前勿力布格 M8 的墓主人可能是尚越国公主的楚国王萧孝忠，查《辽史·萧孝忠传》，他在重熙十二年（1043 年）封为楚王，拜北院枢密使，兴宗参加了他的葬礼，可知其墓修筑的年代在重熙十二年（1043 年）之后的兴宗时代。该墓没有全部揭露，现仅知墓道两壁有人物众多的出行仪仗队伍，有车辆、马匹，这与圣宗陵的墓道壁画相同。陈国公主墓那种建筑、流云的背景消失，当然是为了更好地展现仪仗队伍。萧孝忠在圣宗太平年间已官至北府宰相，又尚圣宗之女越国公主，还是兴宗之亲舅，圣宗亡后，是萧孝穆、萧孝忠兄弟扶持钦哀皇后操持大权，因此，他的墓仿效圣宗陵在墓道上绘大型仪仗队伍，以显其特殊的地位是完全可能的。

前勿力布格 M8 和大致同时的 M3，门洞上方的额墙上绘有迦陵频伽图和云纹图，构图与陈国公主墓的牡丹图相似，左右对称，轮廓呈三角形，只是下角已变长。云纹仍沿用早期以来的云朵头贴于躯干的式样。

圣宗陵及以前的髡发人的发式都是散披，前额未见全部剃光的，无论是马夫，还是朝中大臣，都是如此。兴宗重熙中后期的前勿力布格 M8、M3 等壁画中的契丹髡发则出现了前额剃光、仅留鬓角的发式。而且所蓄的两鬓长

---

① 据发掘工作主持人郭治中先生见告。
② 田村实造：《庆陵的壁画》（日文），同朋舍，1977 年，第 73—75 页。
③ 《辽史》卷三十二《营卫志》，第 373 页。

发为水绺式，发绺飘摆而不离散，状如蝌蚪。

3. 葬具与葬仪

中期时木帐和棺发现数量增多，且有配套使用者。丙类 C 级中的叶茂台 M7 使用了石棺，外罩"歇山式"九脊小帐，这是发现帐与棺配套使用的最早例证。丙类 B 级的耶律延宁墓也使用了石棺和木帐。开泰年间的丁类 A 级耿延毅墓内不但同时使用了帐、棺，而且还在帐、棺之间又加一层石椁，这是辽墓中仅见的。而陈国公主墓等仍然未用帐、棺。

用帐之墓的范围在扩大。戊类 B 级的通辽二林场墓也发现了长 2.2 米、宽 1.9 米的木帐，顶部不存，有与叶茂台 M7 相似的构件残块。戊类 C 级的锦州张扛 M2 有仿木构的石帐，为庑殿式五脊单檐顶，须弥座，带勾栏。

中期的帐棺线刻和彩绘较发达，叶茂台 M7 的石棺外壁，顶盖遍刻花纹，有牡丹花卉、妇人启门、飞天、伎乐人物、侍者，木帐上还有射猎图。早期二八地 M1 那种石棺壁面皆为契丹生活内容的图画线刻不见了，而最流行的是四神图（叶茂台 M7、耶律延宁墓、水泉 M1、广德公墓、前窗户墓）和妇人启门图（叶茂台 M7、广德公墓、张扛 M2）。

中期开始出现金属葬具。据传，景宗保宁十一年（979 年）下葬的耶律琮墓被盗出过面具[1]，而耶律琮亡时，其妻仍在，那么何时埋入面具尚存疑。圣宗开泰七年（1018 年）的陈国公主墓中，驸马和公主均使用了金面具、银网络、金花银靴。开泰九年（1020 年）的耿延毅墓也发现了银网络的残余部分（手臂部）。与之时间相当而等级较低的北岭 M1（戊类 B 级墓）也出土了银面具和银靴底，清河门 M4 所出者也是银面具。而景圣之交的叶茂台 M7，统和四年（986 年）的耶律延宁墓都未使用金属葬具。可见金属面具有可能在景宗时出现，但在圣宗后期才渐趋流行。这里有两个现象得注意：第一，此时所见都是金银面具、银网络、银靴或银靴底，包括五等级单室墓的北岭 M1；第二，身份最高贵的陈国公主和驸马使用了金面具、银网

---

[1]　李逸友：《辽耶律琮墓石刻及神道碑铭》，《东北考古与历史》第一辑，文物出版社，1982 年。

络、金花银靴，余不见金质的，可能金属葬具流行之初，等级限制还较严格。

中期时，鎏金银冠开始出现，陈国公主墓、小吉沟墓、张家营子墓都有发现。金冠是契丹贵族和高官的贵重礼服，在陈国公主墓中，它们是与面具和网络配合使用的。陈国公主墓木护墙所用柏木，经鉴定为耐腐而有香味的赤柏松，是珍贵木材，而构筑木护墙需耗费大量的珍贵柏木。因此，中期金银面具、网络葬具和金冠的兴起，柏木护墙的流行说明了中期已出现追求豪华奢侈之风。

4. 随葬品

中期，随葬箭镞等兵器的墓和随葬箭镞的数量都明显减少，而高等级的墓又甚于低等级墓。从前文表三可以看出，随葬兵器的墓数量低于早期。四等级以上的墓，随葬兵器总件数一般在 5 件以下。陈国公主墓随葬遗物有几千件，珍贵奢侈之品琳琅满目，而兵器只有 1 张铜弦木弓、1 枚木鸣镝，若与早期的驸马墓、沙子沟 M1 相比，可谓天壤之别。而叶茂台 M7、水泉 M1、小吉沟墓、北岭 M1 等墓未见兵器出土。随葬兵器最多的是耿延毅墓，有 1 件剑、2 件骨朵、1 件叉、7 枚镞、2 枚鸣镝，而耿延毅墓志称其因"身先勇士，衔枚进击，斩贼首千余级"而授右骁卫将军，后授控鹤都指挥使、左领军卫大将军，又帅长宁军，移镇昭德军等。因此，耿延毅是汉族武将出身，随葬兵器自有其特殊性。等级较低的砖室墓出土兵器的频率和数量比高等级墓多，如张扛 M2 出土 17 件兵器，西山村 M4 出土 10 件兵器，但从总数上看每墓也不超过 20 件，仍远比早期少。随葬兵器的锐减反映了中期时契丹族的思想意识发生了转变，重视射技观念开始淡化。造成此种状况的原因是多方面的，其主要原因可能有三：其一，经济原因。契丹人经济生产发生了变化，出现了春种秋收的粗放农业①。其二，与战争减少的环境有关。"太祖、太宗经理疆土，擐甲之士岁无宁居"②。世宗之后，契丹对外战争减少。自澶渊之盟之后，宋辽之间和平相处，辽与他族的战争有所减少，作战规模

---

① 张正明：《契丹史略》，中华书局，1979 年，第 55—60 页。
② 《辽史》卷六十一《刑法志》，第 935 页。

也进一步缩小。紧张的武备思想渐弛，追求享乐奢侈之风滋生蔓延。其三，与汉化加深有关。在辽统治者的意识中，精于骑射是契丹称雄建国之根本。为保持契丹人精于骑射的优势，曾限制汉族、渤海等民族从事与骑射相关的某些活动。如"禁关南汉民弓矢"①，"时禁渤海人击球"②。另一方面又限制契丹人参加科举，以免契丹人因过分习文而影响骑射之术的训练。耶律蒲鲁在"重熙中，举进士第。主文以国制无契丹试进士之条，闻于上，以庶箴擅令子就科目，鞭之二百。寻命蒲鲁为牌印郎君。应诏赋诗，立成以进。帝嘉赏，顾左右曰'文才如此，必不能武事'"③。兴宗的忧心反映了汉化习文之风对契丹人骑射传统的冲击。

马具仍然流行。陈国公主墓出土两套明器马具，大小尺寸与实物相等，唯以银片代替革鞢，这是目前仅见的特例。其他墓中仍以实用马具随葬，如张家营子墓使用了3套实用马具随葬，水泉M1使用1套实用马具随葬，叶茂台M7墓主为女性，也有1套马具随葬，这与早期相同。有些墓只有少量的马具部件出土，可能中期已有仅使用部分马具随葬的做法。例如，二林场墓只有少量的马具装饰，广德公墓却只出土少量的铜铃和鞍，西山村M4只有1件马衔。早期墓中常见的钟形铃，在中期以后不复见。

3段时木桌、木椅等木质家具开始流行，圣宗时的上烧锅M4还出土了木衣架。广德公墓、巴扎拉嘎M1、清河门M4、张家营子墓等所出木桌、木椅都很矮小，桌子一般在30厘米以下，位于棺床前正中处，上放食具和食物，属于供桌。叶茂台M7使用了石供桌，另在主室的东南角和西南角置木桌、木椅各一，椅面上放双陆棋，似乎是供主人下棋之用。早期上烧锅M1中出现的雕砖桌、椅，在中期还未见到。

中期时出现俑。契丹式墓中只见有人俑。最早的俑见于统和四年（986年）耶律延宁墓，该墓只出1件石俑的上部，戴巾，袒胸背露乳。这件石俑的性质颇令人深思。此俑不髡发而戴巾，应属于汉人装束，而袒胸背露乳则

---

① 《辽史》卷十九《兴宗纪》，第228页。
② 《辽史》卷八十一《萧孝忠传》，第1285页。
③ 《辽史》卷八十九《耶律蒲鲁传》，第1351页。

存在着两种可能：一种是俑外穿衣，衣朽不存；另一种是此俑身份非侍者，属吏，有镇墓之意义。陈国公主墓出土2件木俑的上半身，为汉族装束，着冠右衽，袖手。2件俑的左胸皆有一长铁钉直透背后，有可能是用铁钉把木俑固定在墙壁上。但因为铁钉都是打在心脏位置上，而若采用榫卯或在其他部位打铁钉也可以达到固定目的，联系到陈国公主18岁夭折，所以，也存在施巫术之可能。耿延毅墓出土的木俑，也是汉装打扮。在契丹式墓中，俑只见于高等级的墓中。据《辽史》记载，辽皇陵曾有人殉，如太祖崩，述律后"欲以身殉，亲戚百官力谏，因断右腕纳于枢"。景宗崩，"以近幸朗、掌饮伶人挞鲁为殉"①。但是，除皇陵外的其他墓葬，从早至晚始终没有发现确切的人殉。晚期的前勿力布格M1曾发现10个头盖骨，青壮年占多数，但该墓顶的内面有较大面积的砍斫痕迹，很像是盗墓人退路已绝，企图破顶而出所为，不能确定该墓中有人殉。既然辽墓（皇陵除外）不使用或说不流行人殉，那么，墓中葬俑也就与人殉没有替代关系，也就谈不上"以木俑代替人殉，这是辽圣宗政治改革的一大进步"②。唐时墓中葬俑风行，朝阳地区的唐墓也是这样，但唐亡之后，此风大减。北宋的中原地区和辽境的汉人墓中使用俑的墓和葬俑的数量都很少。契丹人在辽代中期时才开始葬俑，不会是直接承唐，也不会是仿宋，而应是从辽代汉人那里学来的。

辽代中期契丹贵族奢侈之风愈演愈烈，表现在随葬上则是将越来越多的珍宝器玩入土，使社会财富遭到很大浪费。把早期驸马墓与中期陈国公主墓相比，驸马墓的男主人是萧沙姑，尚太祖阿保机女儿奥哥，而后者的男主人是萧绍矩，尚圣宗皇太弟秦晋国王耶律隆庆之女；萧沙姑被赠为卫国王，而萧绍矩则仅为泰宁军节度使、检校太师、驸马都尉；前者使用乙类墓，属二等墓，后者使用丙类B级墓，属四等墓；然而，后者所出珍宝器玩却超过前者。贵族的大肆挥霍已到了严重影响国家经济实力的程度，所以圣宗统和十年（992年）正月下诏"禁丧葬礼杀马，及藏甲胄、金银、器玩"③。而开

① 《辽史》卷七十一《后妃传》，第1200页；《辽史》卷十《圣宗纪》，第109页。
② 内蒙古自治区文物考古研究所等：《辽陈国公主墓》，文物出版社，1993年，第135页。
③ 《辽史》卷十三《圣宗纪》，第142页。

泰七年（1018 年）的陈国公主墓，并没有遵守此禁，反映当时积重难返，禁令不行。兴宗重熙十一年（1042 年）十二月，不得不又下诏："禁丧葬杀牛马及藏珍宝。"① 又遭到大贵族们的反对，只好在次年六月下诏修正禁令为："世选宰相、节度使族属及身为节度使之家，许葬用银器；仍禁杀牲以祭。"② 此后奢侈之风有所收敛。

中期时随葬瓷器的墓更为普遍，瓷盏、瓷碗、瓷注、瓷盘已成为各等级墓中常见之器，随葬瓷器的数量也增多，而陶器尤其是篦纹陶器已很少见，反映出辽代中期时的瓷业生产已有很大发展。瓷业生产不仅能满足人们的基本需要，还烧制出一些实用与艺术性相结合的别具特色的瓷器，如曲喙含珠凤首瓶、摩竭鱼瓷注、刻花白瓷暖盘等。而外来的高档青瓷和定窑白瓷仍然主要在等级较高的墓中流行。

统和四年（986 年）耶律延宁墓志中，首次出现了契丹文字，该墓志上半部分为汉文，下半部分为契丹文。陈国公主墓志等仍然使用汉文墓志。

（二）汉式墓

中期汉式墓发现较少，能确切断在中期的汉式墓仅有两座，即统和十八年（1000 年）的刘宇杰墓和统和二十三年（1005 年）的王悦墓。这两座墓可窥见本区中期汉式墓之一斑，并不能反映其全貌。

这两座墓属于砖筑圆形墓，尸骨葬。刘宇杰墓为丙类 C 级墓，而王悦墓为戊类 B 级墓。两墓保存均不好，盗扰较重。两墓随葬品的共同特点是均有灰陶明器，刘宇杰墓有碗、壶、罐、瓶、镶斗，王悦墓仅见盆、罐。而刘宇杰墓表现出较多的契丹式成分，如有铁镞、甲片等兵器随葬，陶器中有大口罐随葬。这件罐形式与契丹墓中所见大口罐相似，但无纹饰，鼓肩较甚，应是流于汉族中的变体，刘宇杰之父刘承嗣曾娶过契丹夫人，所以刘氏家族墓中自然会有较多的契丹文化因素。

---

① 《辽史》卷十九《兴宗纪》，第 228 页。
② 《辽史》卷十九《兴宗纪》，第 229 页。

三、晚期

（一）契丹式墓

发现数量多，包括极少数汉人墓。

1. 形制

中期出现的八角形墓在晚期最流行，此外又出现六角形墓，方形墓和圆形墓仍有少量保留。使用柏木护墙的墓数量迅速增加，并扩及第六等级的墓，如温家屯 M2、柴达木墓等。

2. 装饰

壁画墓数量增多。天井和墓道壁画特别发达，以出行图和归来图为主，还出现侍者图、伎乐图、山林野兽图、花石图、故事图等。解放营子墓把出行图和仪仗图都集中画于墓室之内则少见。北三家 M1 的墓道两壁各画一匹鞍马、一个马夫，这是中期陈国公主墓墓道壁画的延续，但影作建筑的背景都已省去。辽墓晚期的出行图和归来图多而有特色。如前勿力布格 M1 的出行图是表现主人临启程时的瞬间场面，画面包括了男主人于坐骑下对留守人的叮嘱，女主人正帽整容欲登车；旗鼓仪仗整装待发，前导和荷伞扛椅人员已迈步登程。而另一壁则是长途归来后的疲惫队伍临时歇息的场景。北府宰相萧义墓的出行图和归来图是描绘队伍在旅途中逆风疾进，在天井两侧单独绘出旗鼓仪仗。前勿力布格 M6 的墓道两壁是出猎队伍在山中歇息。最简单的是白塔子墓，一壁画一人牵马，一壁画驼车，车夫拉驼急起，似乎主人已下令备车。这些反映外出队伍的壁画，以出行图和归来图相对布置，来去呼应，画面以主人乘坐的鞍马和驼车为中心，强调外出过程中的情节片段，构成了辽代契丹式墓外出队伍图的特有风格。出行图各代壁画中都有，但是，有归来图的甚少，已知者仅有北齐鲜卑贵族娄叡墓[1]和元代三眼井蒙古贵族墓[2]，唯以辽代契丹式墓最多。而辽代汉式墓壁画中不见，归来图只见于北

---

[1]　山西省考古研究所等：《太原市北齐娄叡墓发掘简报》，《文物》1983 年第 10 期。

[2]　项春松等：《内蒙昭盟赤峰三眼井元代壁画墓》，《文物》1982 年第 1 期。

方游牧民族的墓中，反映了他们有着共同的祈望平安归来的心理要求。"契丹故俗，便于鞍马。随水草迁徙，则有毡车，任载有大车，妇人乘马，亦有小车，贵富者加之华饰"①，已清楚地点明契丹男子一般出行本是骑马而不是乘车，车子用来运输物品，或为女子及老弱病残者所用。辽国建立后，受汉族出行喜用车之影响，契丹贵族官员出行也渐渐用车了。《辽史·萧岩寿传》载道宗大康年间，为安慰被冷遇的耶律乙辛，"上遣人赐乙辛车"②，已透露出辽晚期契丹大臣不仅骑马，还乘车出行。辽代晚期，墓葬壁画中以鞍马或以驼车为中心的出行图和归来图配对出现正是这种新风尚的反映。从墓葬壁画提供的资料看，辽代晚期契丹贵族乘车出行已十分普及。墓葬在晚期流行出行图与仪仗图也是贵族官僚追求奢侈、显示身份的一种表现。

在前勿力布格 M1、M2、M6、M7 的天井、墓道、墓门之上还发现了各种山石野兽、山林图，这些图对野兽的描绘细致形象，比例较大，而山石林木的描绘则采用象征手法大笔挥出。这些显然是反映主人狩猎的对象或环境，其寓意与圣宗陵内四季捺钵风光图大致相同，只是绘制较粗简，且位置移到墓门之外。目前，这类图见于驸马萧孝忠的家族墓地和宋王耶律仁先墓中。

敖汉旗娘娘庙墓是一座 2.42 米×2.36 米的单室小墓，墓室的前半部绘在草地上散放的牛马和驼车，门两侧各绘一相扑力士，后半部为屏风图③。从人物发式和驼车看，年代可能在辽代晚期。无论是辽代早期还是晚期，与放牧有关的图均见于四等级墓以下，如二八地 M1、上烧锅 M1。而与狩猎有关的图主要见于皇陵大贵族家族墓中，如圣宗陵，前勿力布格 M1、M2、M5、M7，叶茂台 M7，耶律仁先墓。游牧是契丹人生产的主要部门，而狩猎只是次要的补充手段。但对于辽代大贵族来说，狩猎带有浓厚的游乐色彩，所以他们乐此不疲。辽太宗曾言："我在上国，以打围食肉为乐，自入中国，心

---

① 《辽史》卷五十五《仪卫志》，第 900 页。
② 《辽史》卷九十九《萧岩寿传》，第 1420 页。
③ 邵国田：《敖汉旗娘娘庙辽代壁画墓》，《内蒙古文物考古》1994 年第 1 期。

常不快，若得复吾本土，死亦无恨。"① 而且大贵族财富的主要来源不依靠
牧业，小贵族和一般牧主则仍然以牧业收入为主。两类墓葬在壁画题材上的
差异，在一定程度上反映出两个阶层的社会经济地位之差异。

康营子墓也是单室墓，后半部绘屏风图，前半部绘侍者随从图，甬道两
壁绘备食备酒图②。屏风是汉族传统家具，墓室内画屏风由来已久，京津唐
区中期的韩佚墓画花鸟屏风即承自唐墓。契丹晚期的单室墓画屏风既是受到
汉式墓的影响，又是现实生活的一种反映，意味着契丹人居室内也已学习汉
俗布置屏风了。

辽墓壁画中，一般主人不出场。契丹式墓在晚期有 3 座墓壁画中有墓主
人：前勿力布格 M1 出行图；解放营子墓宴饮图；萧义墓墓道西壁是主人坐
于车内行进，东壁则是乘马归来，在众人簇拥的鞍马上应有主人，可惜马上
部壁画剥落。前勿力布格 M6 和 M7 的报告所认定的"主人"乃是侍者随从
之误③。辽墓中没有画主人正襟端坐的图则是其又一特点。端坐是汉晋唐宋

① 《新五代史》卷七二《四夷附录·契丹》，第 899 页。
② 项春松：《辽代壁画选》，上海人民美术出版社，1984 年。
③ 辽墓出行图中基本不见主人出场，目前只能肯定前勿力布格 M1 墓道南壁的出行始发图
中见有男女主人。该墓地 M6 发掘报告认为"出猎图"中把骨朵撑于腋下的契丹男子是墓主人，
该墓地 M7 发掘报告认为墓道西壁的托帽人、东壁的袖手人是男墓主人。笔者经过仔细分析，
认为这三人都不是墓主人像。第一，从视觉效果来看，若把 M7 报告中两个所谓"主人"像的
图版对照观察，则不难发现二人有较大差异：1. 袖手人属中高身材，体态匀称，托帽人属矮短
身材，体态矮粗，这与报告所述前者身高 1.7 米，后者身高 1.63 米相符；2. 袖手人脸圆，托帽
人脸长；3. 袖手人鼻子圆缓；4. 二人都是髡发，可以明确看清头颅形状，袖手人颅的前顶比托
帽人低，后顶比托帽人外突大。因此，二人不是同一人，这与原报告把他们都认定为该墓的男
主人像是矛盾的。第二，从画面主次关系上看，凡主人身旁应有侍卫、奴婢簇拥或侍奉，构成
明确的主从关系。M1 出行始发图男主人身前有捧帽侍者，躬身俯首站立，双手捧帽于胸前，有
执刀警卫，俯首躬身面向主人，有端砚执笔人，侧身含笑，目视主人。后侧的送行人俯身恭听
主人吩咐。而女主人身旁有女侍捧镜而立，供女主人对镜整容，3 个男侍正在为女主人引鹿备
车。其主次关系非常明确。萧义墓出行图是表现正在疾进的队伍，侍卫和奴仆簇拥主人所乘之
驼车前行。归来图后壁画上部已脱落，从残存情况分析，在导骑之后是负物骆驼，驼之后则见
数人之腿脚和一匹马的腿蹄相杂，则可断定，在周围步行人员护拥下前进的马上之人应是主人。
韩师训墓宴饮图是一女主人独坐于墩上，边饮边观舞，两侧的侍者虽然距离主人稍远，但都躬
身谨慎地侍奉女主人，端酒送巾、捧盂送食。然而，M6 和 M7 的出行图看不出主次关系。第
三，中国古代墓内壁画往往是把主人画得很大，周围人物画得很小，以突出主人特殊(转下页)

墓壁画中常见之图，通过画面上主人的高大形象、端正姿态、威严仪容表现出主人的尊严和特殊地位，它是汉族传统礼教观念的具体表现，甚至元代蒙古贵族墓①也采用这种手法来表现墓主人，唯契丹人没有效法。解放营子墓的男主人旁若无人地狂饮大嚼，而不是斯文进餐；前勿力布格 M1 女主人于车下照镜、匆忙理容，而不是在内室打扮利落再踱步登车，都体现了在汉人看来契丹礼无法度的特点。

晚期墓门门洞之上的额墙壁画以云鹤、云凤为主，两侧对称，相向而飞，云纹下延到门底。云纹的小枝也出现曲卷、远离躯干的新式样。髡发人物之垂发全为水绺式，这是继兴宗以来发式的新发展。

锦西大卧铺 M1 和 M2 为画像石墓，墓的形制与装饰都与辽阳鞍山的画像石墓一致，因此，应是受辽东区影响所致，或说明有辽东居民迁于此地。

3. 葬具与葬仪

晚期木帐（棺室）没有发现，石棺和木棺发现的数量仍然较少，可见直到辽亡，棺仍未普及。晚期葬具线刻简单，仅有门图，或者白虎图等少量的简单图刻。

（接上页）身份。解放营子墓宴饮图就是沿用了主大奴小的传统处理手法。M6 和 M7 所谓"主人"都不比其他人像大，相反 M7 的"主人"像在该图中绘得最小，为 1.53 米高，其他人像分别高 1.54 米、1.59 米、1.62 米、1.71 米。把主人像画得最小，于情理不合。第四，从人像姿态分析，M6 墓道北壁的"主人"，把骨朵斜撑于腋下，而这是侍卫临时歇脚之态。该墓地 M2 墓道北壁马前之侍卫和敖汉旗北三家 M3 车前侍卫都是此种歇脚姿态。该像双手擎至胸前，原报告认为是"表情颇显虔诚，大约是表现出猎前的一种祈祷仪式"。《中国美术全集·绘画编 12·墓室壁画卷》彩版一六四是该像的照片，从彩版观察，乃是右手食指上托一似蝈蝈类昆虫，余四指握拳，拳心向上；而左手食指伸直，指尖逼近昆虫尾端，余四指握拳，拳心向下。可知，此人正在聚精会神地逗玩昆虫。下面再探讨 M7 的两个所谓"主人"的姿态。该墓墓道西壁之"主人"托帽恭敬站立。在 M1 出行始发图、张世卿墓出行图、前勿力布格 M2 出行图之后的侍者图（位于天井）都见有与之相同的恭敬站立的托帽侍者，因此，M7 的托帽人也应是随主人出行的近身侍者。M7 墓道东壁的"主人"袖手分腿而立，这也是侍者随从人员的端庄恭敬姿态。在康营子墓侍从图、卧虎湾西壁图、M6 墓道南壁图中都有侍者袖手分腿站立。综上所述，M6 和 M7 被原报告认定为"主人"的 3 个男像都不是主人。

　① 项春松：《内蒙古赤峰市元宝山元代壁画墓》，《文物》1983 年第 4 期。

金属质的面具、网络、靴底在晚期广为流行，像豪欠营 M6 和小刘仗子 M2、M4 等六等墓也使用金属面具、网络、靴底。温家屯墓地还发现有小孩使用面具。过去认为网络面具质地只是"反映与皇帝亲疏关系，并不含有时代差别"①的看法值得商榷。实际上，在晚期金质和银质面具、银网络基本不见，大量流行的是铜质的面具、网络、靴底，少数墓有鎏金铜质面具。如柴达木墓、温多尔敖瑞山墓和豪欠营 M6，3 座墓都是单室小墓，前者为六角形，直径为 3 米，后者为八角形，直径仅 2.2 米，而金吾卫上将军萧德温墓则使用铜面具、铜网络，所以，晚期面具似乎已无等级差别。温家屯 M3 还出现了铅质面具，较特殊。金属葬具由金质、银质变为铜质、鎏金铜质的变化应是重熙十二年（1043 年）诏令禁止厚葬的结果。

有学者认为"辽金时代的火葬墓，首先是在契丹人、女真人中出现的，而后影响到汉族人"。"契丹人、女真人出于原始信仰的火葬风俗，在佛教思想的影响下得到巩固和发展"②。杨晶反对此种观点，提出契丹人早期有火葬，佛教兴起以后反而不见，说明与佛教无关。汉人的火葬则与佛教有密切关系③。他们都相信双井沟的火葬墓地是辽早期契丹人之墓，实际上该墓地并没有能准确断代的资料，原报道的断代不可靠。能肯定契丹墓中有火葬者则是晚期墓，如龟山 M1。锦西的静江军节度使萧孝忠墓出有铜面具、鎏金冠，碎骨中又有烧骨，发现时已被盗扰。景爱认为是火葬，杨晶则提出怀疑④。笔者认为此墓是混合葬，鎏金冠应是有身份之人所用，萧孝忠可能为尸骨葬，而祔葬的妻妾或子女可能为火葬。辽代佛教兴盛，中晚期尤甚。辽代汉人盛行火葬之俗不是从契丹人中学来的，应是汉人长期笃信佛教的结果。辽代契丹人中个别使用火葬的，也应是虔诚的佛教信徒，同时，也与汉

---

① 李逸友：《略论辽代契丹与汉人墓葬的特征和分期》，《中国考古学年会第六次年会论文集》，文物出版社，1990 年，第 191 页。

② 景爱：《辽金时代的火葬墓》，《东北考古与历史》第一辑，文物出版社，1982 年。

③ 杨晶：《辽代火葬墓》，《辽金史论集》第三辑，书目文献出版社，1987 年。

④ 景爱：《辽金时代的火葬墓》，《东北考古与历史》第一辑，文物出版社，1982 年；杨晶：《辽代火葬墓》，《辽金史论集》第三辑，书目文献出版社，1987 年。

人流行火葬的影响有关。

4. 随葬品

晚期兵器更加少见，仅大安六年（1090 年）萧袍鲁墓、龟山 M1、小刘仗子 M2、长岗墓等极少数墓随葬有少量的镞、矛、刀、铜。

马具在晚期明显减少，论者皆谓晚期只用马镫、马衔等个别部件随葬。此种认识源于早年发掘的大安五年（1089 年）萧孝忠墓、小刘仗子墓地、巴图营子墓，后来在有墓志的墓中也没有发现成套马具。然而，晚期有墓志的纪年墓均遭严重盗掘，晚期非纪年墓中却有成套马具出土。如温多尔敖瑞山墓出土了一套鎏金铜质马具，包括鞍、辔、镫等部件，温家屯 M2、上烧锅 M5、长岗墓、骆驼岭墓各出土 1 套马具，所以，晚期仍有随葬成套马具的。但总体观之，晚期随葬马具的数量确实减少了。马具减少或不用马具随葬是与禁止厚葬的诏令有关，还是风尚习俗发生了不可逆转的变化？契丹马具精良，不乏金银、玛瑙等豪华之器，禁止厚葬诏令对贵重豪华马具入土会产生影响。但是，中间阶层墓中仍有用鎏金马具随葬的，那么，特权阶层也完全可以使用；再者，铜铁质的马具是不在限制之列的，而事实上晚期铜铁马具也很少见。所以，马具减少的重要原因还是人们观念发生了变化。马上用具鸡冠壶在 7 段的消失，似乎也与此有关。这种变化的原因与汉化加深有着密切关系，反映了契丹重骑射的观念进一步淡化，这必然导致契丹强悍善斗性格的改变和骑射技术的下降。加之政治的腐败，辽末契丹军的战斗力已与建国时不可同日而语。

墓志中使用契丹文字者增多，器物上书契丹文字者也有增加，反映了契丹人越来越重视本民族的文字。在汉化加深的同时，民族自我意识也日益加强。

晚期三彩瓷器和影青瓷器急剧增多。低温的华丽三彩器主要见于中小型墓，如萧孝忠墓、解放营子墓、小刘仗子墓地等都有较多的三彩器随葬，梁援墓等少数大墓也有发现。而外来的影青瓷则以高等和中等墓为多，影青瓷成为多数墓随葬的主要瓷器，如清宁三年（1057 年）的清河门 M2 出土了 27 件影青瓷，其他瓷器为 16 件。咸雍八年（1072 年）的萧府君墓出土 31

件影青瓷，其他瓷器仅7件。单室戊类B级墓中，白塔子墓出土14件影青瓷、2件黄瓷，前勿力布格M5能辨器形的瓷器有影青瓷13件、定瓷7件。可见辽代晚期宋辽之间的贸易额之大（包括双方贡纳与回赐）。黄釉瓷器在晚期发现的比早、中期多，其中以解放营子墓为最多，计有5件。与游牧生活相关的穿带壶、穿系扁壶在晚期不见。鸡冠壶只流行便于提拿的提梁式，至天祚帝时期，鸡冠壶也不复见。

（二）汉式墓

晚期汉式墓发现的数量增多。但规模都较小。主要有辽宁朝阳赵匡禹墓、内蒙古宁城邓中举墓、赤峰尚玮墓、宁城山头村墓地、嘎斯营子墓地。

晚期墓的形制较多。砖室、石室墓以圆形为多，出现八角形和六角形墓，方形墓也有发现。砖圹墓见于嘎斯营子M3、M4。

墓室装饰除常见的雕砖壁画外，还有镶嵌画像砖。雕砖壁画保存较好的是山头村M4、M2，采用了雕砖、绘画相结合的手法。M4全室分为五幅，各有赭色四边框：北壁正中绘帷帐、人物；左右绘两幅石、竹、梅，巨石立于正中，疑为屏风图；门东侧是砖雕桌、椅各1件，桌上绘果盘、花卉；门西侧是砖雕灯台，左右绘花草。M2和M3的绘画已脱落，东壁保留着砖雕的桌椅，其中M2的门两侧还绘有人物图。寿昌四年（1098年）的保安军节度使邓中举墓室内有彩绘，四壁镶嵌画像砖，东为青龙，西为白虎，南有门神，此外还有拄杖老翁、文吏、僮仆像。

晚期基本为火葬，只有个别墓还见有尸骨葬，但头向西，以示升入西天极乐之地。可见汉人信佛远超契丹人。

随葬品以铜钱和陶瓷器为主。可分两组，第一组有赵匡禹墓、邓中举墓、尚玮墓，皆为官吏。墓都被严重盗扰，器物组合不全，遗留者有瓷器、铜钱、金刚杵、玉带銙、棋子、梳子、陶盆和陶砚台等，灰陶明器很少。第二组有龚祥墓，山头村M4、M1、M2、M3，嘎斯营子M1、M2等墓。随葬品以灰陶明器为主，有注壶、火炉、簸箕、水斗、锅、鏊子等，灰陶明器的数量比中期多。其次为铜钱，个别的有梳子、佛经幢等其他少量遗物，有的则空无一物。嘎斯营子M2还发现有“刘郎”“寿昌”字样的篦纹陶片。第一组的主人是节度使、少尹等地方上的高官，第二组是一般的平民。第一组随葬银锥、玉带是与墓主较高的社会地位相符的；第二组用劣质的陶明器代替瓷器、铁铜质的炊器，以及柳编的农家用具，反映了其财力和社会地位均低于第一组。使用柳编簸箕、水斗等农家用具，不见马具、猎具，反映了汉族平民到辽晚期时仍然从事着定居的农业生活，但他们在日用陶器上接受了契丹族的篦纹陶器。

总之，本区以契丹式墓为主，存在着大量的契丹贵族墓，规模大而形制复杂，随葬品奢侈豪华，富有契丹民族特色的壁画装饰和金属葬具，构成了本区作为辽国腹心地区的独特面貌。本区资料揭示了契丹大贵族汉化程度比一般契丹人深。辽初受汉化影响已较深，但自太宗确定分俗而治的统治政策后，汉化的速度放缓。箭镞、马具、陶器的减少固然与汉化有关，但也有其他的客观背景。这并不意味着契丹人国俗文化逐渐衰落，日薄西山。柏木护墙、金属面具和网络、契丹文墓志等的出现和不断增加的态势表明国俗文化也在不断发展和创新。

第二节 辽 东 区

辽阳、鞍山、沈阳地区是辽东京道的统治中心。史载："神册四年，葺辽阳故城，以渤海、汉户建东平郡，为防御州。天显三年，迁东丹国民居之，升为南京。""天显十三年，改南京为东京，府曰辽阳。"[①] 辽东区的居民主要是渤海和汉族人。目前在辽东区发现的墓葬很少，主要是小型墓，墓葬可分为三大类，即契丹式墓、汉式墓、画像石墓。

一、早期

辽阳市北郊 2 公里处的三道壕墓是土坑竖穴墓，也是目前在辽东区发现的唯一的属于辽代早期的墓葬。土坑大小不详，有木棺，单人葬，头西脚

---

① 《辽史》卷三十八《地理志》，第 456、457 页。

东。随葬品有陶质瓜棱罐和大口罐、带侧突的耳环、串珠、铁刀，从遗物看与蒙冀辽地区的早期契丹式墓所出相同，应属于契丹式墓，墓主人有可能是契丹人。该墓头向西与一般契丹墓不同。但是，北区中契丹式墓也有个别头向西者，如塔布敖包墓，是否与信佛有关，尚不能肯定。

二、中期

中期只见有汉式墓。孙允中墓和李进墓为圆形单室小墓，内有小石棺，火葬。棺雕四神，并有题记。孙允中棺前壁题："承奉郎、守贵德州观察判官、试大理司直、赐绯鱼袋孙允中，开泰七年岁次戊午。"李进棺上题"统□□监""开泰四年岁次乙卯，五月三日壬午亡，故沈州李进寿棺，长男□奴"。棺前皆有男女侍俑。李进墓还残留下砖雕熨斗、陶瓶、陶罐、铜钱。与孙允中墓并列的一座小型圆形砖墓，可能是其妻之墓，仅有瓮棺，无随葬品。

三、晚期

晚期发现的墓数量增多，契丹式墓、汉式墓、画像石墓均有发现。

（一）契丹式墓

契丹式墓发现 2 座，即位于辽河左岸的沈阳新民县巴图营子墓和位于丹东市岫岩县新甸乡的石板村墓。这两座墓虽南北各一，但均为砖室墓，柏木护墙，尸骨葬，遗物丰富，其中巴图营子墓还出有鎏金铜面具、铜丝网络、鎏金铜冠和玛瑙、琥珀串饰，两者均属契丹式墓。

巴图营子墓规模较大，主室为圆角方形，侧室为方形。石板村墓规模较小，为单室，八角形，直径 4.5 米。两者分别属于第四、第五等级。

石板村墓在棺床前有木桌，桌上放置瓷碗、瓷盘、瓷碟。巴图营子墓遗存丰富，仅瓷器出土 28 件，包括鸡冠壶、三彩盘、长颈瓶、鼓式砚、影青注壶，此外还有铁镢、铁灯、金簪、银钗、铜注壶和各种串饰，以及 1 件"智炬如来心破地狱真言"鎏金铜胸牌。

辽阳石嘴子墓为砖室壁画墓，遗物被洗劫一空，壁画绘有髡发侍者、散乐图等，也可能属于这类墓。

（二）汉式墓

汉式墓有辽阳大林子墓、南林子墓、沈阳柳条湖墓等，这 3 座墓均属于砖圹墓，规模很小，营造简陋，长在 1.6 米以下，均为火葬。

南林子墓无棺，大林子墓和柳条湖墓有小石棺。大林子墓石棺内还有一瓷棺，石棺盖内侧有梵文和汉文题记，主人为辽阳府内省判官、文林郎王翯妻高氏，于道宗寿昌二年（1096 年）下葬。柳条湖墓的石棺上置石经幢，幢文记主人张宁是"随驾马步军都孔目官"，于清宁二年（1056 年）下葬。大林子墓与柳条湖墓无任何随葬品，南林子墓也只出土 2 件白瓷注壶、3 件青瓷碟。

（三）画像石墓

画像石墓的数量较多，在 1949 年前日本人调查了较多的画像石残墓，其中重要者有鞍山峦峰墓、凤凰顶墓等，1949 年后又在辽阳的金厂、鞍山的汪家峪发现了画像石墓。画像石墓的形制特殊，均为单室，平面为八角形、长方形、多边近圆形。墓室各角立石柱，柱两侧有凹槽，镶一块大石板，南留门，顶用条石抹角叠涩券起，或者像金厂墓那样顶部横搭石板为盖。门外有短甬道，亦是用石板和石柱搭设而成。甬道前为土墓道。

各墓均有减地半浮雕装饰。峦峰墓的浮雕图像上有彩绘残迹，可能其他墓画像石上原来也有彩绘。各墓均见多幅孝子故事图，其次为男女主人并坐的宴饮图、侍者图、驼车出行图、门神图、云龙图，以及瑞兽、羊、狗等动物和花卉、栌斗、莲花藻井等。其布局一般为：甬道两壁为门卫、门神、驼车出行、侍者，双扇石门上雕双龙；室内立柱雕成栌斗，石板则为多幅孝子故事，有的加动物、花卉点缀。辽阳金厂墓的北壁安置了主人宴饮图。有学者曾认为峦峰墓的甬道画像是刽子手行刑图，乃误，实际应是三幅，为门卫、门神、侍者①。

---

① 鞍山峦峰墓的甬道右侧壁只画一侍者，手持鸡冠壶和长杆骨朵。左侧壁画三人，近门人执骨朵面向门侍立，应该是门卫。后面的人拱手侍立，应该是侍者或随从人员。中（转下页）

画像石墓均被盗扰，残留遗物极少，汪家峪墓仅存石桌的桌面和宋仁宗的天圣元宝。

目前所见的画像石墓都有孝子故事图，墓内孝子故事图是在北宋末才流行起来的①，历金元而不衰。辽墓内的孝子故事图应是从北宋传入的，因此，这些墓均属于辽代晚期，有的甚至晚到金初。

一般认为画像石墓是契丹族之墓，对此，笔者持怀疑态度。画像石墓的构筑特殊，契丹式墓的石筑墓都是垒砌，而不是用石柱镶石板。在装饰上，画像石不但采用减地半浮雕手法，而且最流行的题材是孝子故事图，这在契丹式墓中也不见。认为画像石墓是契丹墓的原因有两个：一是有驼车，但在大同汉式墓和宣化下八里的韩师训墓都有驼车；二是墓主人像为髡发。史载辽东居民主要是渤海人，其次是汉族人，从墓葬考古资料上看，还有以三道壕墓和巴图营子墓为代表的契丹人。耶律羽之墓葬于赤峰阿鲁科尔沁旗的"裂峰之阳"，则知在辽东为官的契丹官员亦多有死后归葬本土的。那么，在辽东地区，契丹式墓不会比汉人墓和渤海人墓多。若把画像石墓和本区发现的契丹式墓累加，则数量远远超过汉人墓；辽东地区不见一例渤海人墓也是令人费解的。《宋史·宋琪传》载："渤海首领大舍利、高模翰步骑万余人，并髡发左衽，窃为契丹之饰。"② 可见，在辽东地区，髡发者并不一定是契丹人。所以，我们倾向于把形制特殊、装饰独特的画像石墓推断为渤海

（接上页）间的人像大，跨步挥舞刀斧，头戴三叉冠，乃是门神。证据有四：其一，汪家峪墓甬道一侧为侍者，另一侧为门神。其二，辽墓壁画中一般门神都较现实人像大而威武，仗剑持斧，如萧义墓、前勿力布格 M1、韩师训墓等，此像挥刀正是威武之态，非刽子手；行刑图必有被刑人，而此图没有。其三，门神一般披甲，但也有不披甲者，如赤峰白彦尔登墓门、丰水山铜门上的门神雕像（参见项春松：《辽代壁画选》图版五七、五八，其中后者跨步挥斧斩妖）。其四，峦峰墓门神头上戴三叉冠，乃是神人之貌（参见田广林：《契丹头衣考略》，《内蒙古文物考古文集》第一辑，中国大百科全书出版社，1994 年）。

　　① 孝子故事是魏晋南北朝时屏风和棺床上的流行题材，宋代末才再度流行。如宋徽宗崇宁五年（1106 年）张某石棺（黄明兰、宫大中：《洛阳北宋张君墓画像石棺》，《文物》1984 年第 7 期）。宋徽宗大观年间以后的嵩县北元村墓壁画（洛阳市第二文物工作队：《嵩县北元村宋代壁画墓》，《中原文物》1987 年第 3 期）。

　　② 《宋史》卷二六四《宋琪传》，第 9126 页。

人墓。渤海人的汉化程度比契丹人高，渤海人接受汉族伦理观念也更容易，所以中原新兴的孝子故事图能在渤海人墓中流行起来。当然，也不排除汉人和渤海人都使用画像石墓的可能。

本区辽墓资料零散，缺乏纵向比较的资料，难以总结各类型墓的演变规律。通过对这些零散资料的梳理，可以粗略地看出，契丹式墓的变化规律与蒙冀辽区相同，而汉式墓规模小，石棺题记较盛行，随葬品贫乏。可能为渤海人的画像石墓别具风格，但其来源及演变仍是待解之谜。

第三节　京　津　唐　区

京津唐区属于辽南京道，后晋石敬瑭为求契丹支持而割与契丹，太宗升幽州为南京，南京道成为统治关南汉民的政治中心。南京道也是辽国最富庶的地区。本区所公布的墓葬多集中在北京，天津和唐山的北部有个别发现。墓葬以汉式墓为主，也有契丹式墓。

一、早期

赵德钧墓是早期唯一的纪年墓。北京的西翠路墓使用绳纹砖修筑，而不是用辽代后期常见之沟纹砖，该墓有唐钱无宋钱，不见陶明器，尸骨葬，因此，其有可能是辽早期的。

赠齐王赵德钧墓使用了九室墓，各室均为圆形。西翠路墓也是圆形的。北京唐墓有圆形也有方形者，辽早期尚未发现方形墓并不能断言其不存在，而辽早期流行圆形墓则是肯定的。墓内装饰有雕砖或影作斗栱、立柱、假门、假窗。赵德钧墓残留有妇女揉面图、捧食图等生活图，女侍高发髻、肥胖面庞体现了早期的特点。

西翠路墓为尸骨葬，赵德钧墓是尸骨葬与火葬并存的混合葬。早期火葬已出现。

赵德钧墓被盗严重，从残留的遗物看，每个墓室有不同的象征意义。如前室的右侧室修筑炉灶，灶上置铁锅、石锅、玉碗、铜勺，是为厨房。后室的左侧室放有钱箱，出 70 000 余枚铜钱，应为钱库。后室的右侧室则为粮库。西翠路墓是单室墓，亦被盗扰，出有武士俑、瓷碗、玉带銙、唐钱。两墓均未见陶明器。

二、中期

（一）契丹式墓

中期的契丹式墓有属于 3 段的安辛庄墓、韩相墓、营房村墓、海王村墓、锦什坊街墓。前三座皆为仿木构砖室墓，均为圆形，体现了南区特征，说明这一地区的契丹人受汉人影响较北区为多。后两座为土坑竖穴墓。砖室墓雕砖装饰发达，一般有仿木构的斗栱、立柱、梁枋，安辛庄墓还有砖砌直棂窗和桌子，韩相墓墓室内三面雕砌出门楼、窗、灯架。均为尸骨葬，头东脚西，仰身直肢。

随葬品都很丰富，以实用品随葬。有典型的辽陶瓷器、装饰品、马具、武器，显示出与蒙冀辽区同时期契丹式墓的一致性。迁安县韩相墓的主人是韩相与前妻刘氏，韩家几代与契丹萧氏通婚，虽然韩相仍保持汉姓，但墓葬习俗上却契丹化了。其他未见墓志，安辛庄墓所表现出来的契丹习俗十分典型，主人可能是契丹族。

锦什坊街墓和海王村墓为土坑竖穴墓，代表了较贫穷的契丹人。

（二）汉式墓

出土墓志的汉式墓有北京韩佚墓和王泽墓，均为圆形单室墓，其中王泽墓的墓室边缘残存柏木条，也可能学习契丹式墓使用了柏木护墙。墓葬装饰以雕砖壁画为主。韩佚墓壁画保存较好。墓室的北壁是花鸟屏风图，有人探头观望，与妇人启门图有异曲同工的艺术效果。两侧以影作壁柱为每幅图界格，每幅图内只有一女子，或抱琵琶，或端小罐，或拢发，以高桌、鸟、花为场景。甬道画文史。墓室顶部中心为莲花藻井，外分八界格，内填云鹤，下绘十二生肖。

中期已使用陶明器，但数量上比瓷器少。如韩佚墓出土 24 件瓷器、17

件陶器，王泽墓出土 15 件瓷器、12 件陶器。陶器的种类较多，有仿瓷器的注子、盏托、碗、碟，有仿金属炊器的釜、锅、鏊子、炉，还有陶剪刀、陶熨斗等。这些仿制的陶器制作较规整，瓷器精美，可能与墓主人的高贵身份有关。韩佚为韩延徽之后，官至节度使，王泽官至节度使。

中期各墓均为火葬，反映了自辽代中期起，佛教的影响加大。

三、晚期

（一）契丹式墓

晚期发现的契丹式墓仅开国公马直温墓一座。为圆形单室墓，内衬八角形木护墙。火葬，骨灰装入木偶人像内。残余随葬品有影青瓷器、白瓷器、十二时俑。

（二）汉式墓

晚期汉式墓中出墓志者有百万庄 M1 和洪茂沟墓，两者被盗一空。昌平县陈庄墓出土宣和通宝 7 枚，应为天庆九年（1119 年）以后之墓。该墓虽然直径为 2.1 米，却随葬 43 件陶明器、6 件瓷器。本区汉式墓在晚期时随葬陶器比瓷器多。依此认识，彭庄 M1 出土 34 件陶明器，却只出土 2 件瓷器，彭庄 M2 出土 15 件陶明器、1 件瓷器，也应是晚期墓。

1953 年北京西郊清理的 1 座辽代壁画墓，北壁画敞开的门，门内露出床帐[1]。墓壁画有床帐在金元墓中较常见[2]，而辽墓中仅见于天庆九年（1119 年）的大同新添堡 M29。所以，北京的这座壁画墓可能也是辽代晚期的。

除百万庄 M1 是圆形双室墓外都是圆形单室墓，反映本区自始至终都流行圆形单室墓。本区流行砖筑墓，唯陈庄墓为砖石混筑墓。各墓都有雕砖影作木结构，有木柱、斗栱、门、窗、桌、椅。其中彭庄 M1 雕一桌二椅。壁画保存均不好。百万庄 M1 有门神、老翁、女子图。

---

[1] 周耿：《介绍北京市的出土文物展览》，《文物参考资料》1954 年第 8 期。

[2] 河北省文化局文物工作队：《河北新城县北场村金时立爱和时丰墓发掘记》，《考古》1962 年第 12 期；聊城地区博物馆：《山东高唐金代虞寅墓发掘简报》，《文物》1982 年第 1 期；辽宁省博物馆等：《凌源富家屯元墓》，《文物》1985 年第 6 期。

火葬进一步流行，各墓皆火葬。棺床狭小，呈台状。未见石质葬具。

灰陶明器成为主要随葬品，此外还有少量的瓷器等。陈庄墓还有两位髡发的男、女侍俑，这是以前不见的。

总之，本区墓葬形制简单，基本为圆形砖墓，单室盛行。墓门有的为仿木构门楼，墓道未见有壁画等装饰。墓室内的雕砖壁画较发达。像韩相墓那样墓室三面门楼的做法较少见，而中期的韩佚墓彩绘影作木结构较常见，该墓北壁绘屏风是承唐而来，反映了本区单室墓的一般布局。中期契丹式墓的随葬品、葬仪基本同蒙冀辽区。而汉式墓早期用实用器随葬，中期已开始流行灰陶明器，晚期陶明器则成为主要随葬品。中期以后受佛教影响加大，火葬十分流行。

第四节　涿鹿宣化区

本区位于北京和大同之间，在辽代属于西京道奉圣州所辖。早期资料缺无。近年在宣化发现并发掘了一些保存尚好的辽墓，使我们能认识该区的晚期面貌。

一、中期

中期辽墓有宣化姜承义墓和涿鹿谭庄 M1。

1. 形制与装饰

两座墓都是圆形单室砖墓。墓门为仿木构门楼，室内雕砖发达。姜承义墓的室内砌立柱六根，上承重栱。西南壁雕砌衣架、灯架各一，东南壁雕砌假窗、桌、椅各一，桌上还雕出放置的器皿。北壁中间砌假门，两侧为窗。谭庄 M1 的北壁雕砌大门，西南壁和东南壁雕砌小门，东北壁雕假窗，西北壁为衣架，南壁还有砖雕灯架。上述门窗家具上均涂彩绘。

2. 葬具与葬仪

均为火葬，姜承义墓未见棺，骨灰直接放于棺床上。谭庄 M1 有长 0.84 米的小型石棺，棺壁雕四神，棺座有壶门，内雕灵兽。

3. 随葬品

两墓均遭破坏，随葬品不全。姜承义墓随葬品以陶明器最多，共60件。谭庄M1只见有陶明器。前者的质量差，制作粗糙；后者质量稍好，器形较为规整。陶明器的种类有圆形仓、塔形器、簸箕、柳斗、锅、镙斗、錾子、炉、鼎、剪刀、注子、匜、盘、盖、罐、碗、盆等。姜承义墓还出土有铜镜和铜钱。

二、晚期

晚期墓发现多，主要有下八里村张氏族墓、宣化冷冻厂墓和涿鹿酒厂墓。

1. 形制与装饰

晚期墓既有单室墓，又流行双室墓，除了有平面为圆形的砖墓外，新出现了平面为六角形和八角形的墓室。单室墓见于涿鹿酒厂、下八里M2（张恭诱墓）、下八里M3（张世本墓），其中天庆七年（1117年）的张恭诱墓为六角形，余仍为圆形。双室墓中，前室均为方形，后室有方形、六角形、八角形。均无侧室。

晚期壁画发达，室内雕砖衰落。除冷冻厂墓外，墓室内都遍施彩画。壁画特点有五：第一，以家内生活为主。墓室壁画的现实题材主要是备茶图、备酒图、宴饮图、散乐图、门卫图、侍者图、宝库图、屏风图、备经图、挑灯图、启门图、书桌图等。可见对家内生活的表现涉及方面多且细致具体。诸墓均模拟现实居室的建筑结构，而下八里M6还把斗栱上的旋子图案、栱眼壁的绘画都一丝不苟地绘出，反映了对家内生活环境的重视。而在门两侧和门洞之上所绘的门神、挂杖老翁、宽袖女子、鸡、犬、墓龙（双头人）等神灵题材也都与家室（或象征家室的墓室）的安全、福寿、兴旺有关。第二，几乎都有佛事内容，这是其他区所不见的。备经图、设置香案图是佛事活动的直接再现。挑灯图、备茶图、书桌图也与信佛诵经有关。这些墓的墓志中经常有主人诵大量佛经的记述，如张世卿墓志有"诵法花（华）经一十万部，读诵金光明经二千部"。辽代汉人信佛诵经尤甚，北京王泽墓志记王泽年高解甲归隐，"每日持陀罗尼数十本"，临终时"礼诵云毕，更衣定枕"。长时间诵经，必然需要饮茶润喉，该区的挑灯图，似也含有暗示主人勤奋诵经、不舍昼夜的意义。第三，出行图少，并以鞍马为主。张世卿墓、张世古墓、韩师训墓都画鞍马图，仅韩师训墓加绘驼车图。北区契丹墓晚期驼车图增加，而宣化的汉人墓鞍马图增多，表现两个民族生活习尚相互影响，逐步走向接近的事实。第四，墓室顶的天象图以黄道十二宫与二十八宿、太阳、月亮相组合，为其他区不见。第五，在诸墓壁画中都有较多髡发契丹侍者。汉人墓中壁画见有较多髡发契丹人的是耿延毅墓，耿家与皇家有亲戚关系，自然有特殊性。而韩师训、张世古等人只不过是归化州（隶奉圣州）的富豪，却拥有较多的契丹奴婢。这反映辽代末年契丹人阶级分化严重，有大量的契丹人破产为汉富户家奴。

2. 葬具与葬仪

火葬十分流行，仅冷冻厂墓为尸骨葬，头向西，可能主人信佛。使用木棺多，个别用瓮棺，棺上常有梵文。张世卿墓使用偶人，又与北京马直温墓同。

3. 随葬品

晚期灰陶明器随葬数量增多。如张恭诱墓为单室，出土 75 件陶明器，比中期姜承义墓多 15 件。下八里 M7 彩绘带盖陶仓内还盛满粟种，这与北京赵德钧墓随葬大量粮食、中期姜承义墓随葬 16 件陶仓一样，反映了农业为主的汉族对拥有粮食的重视。张世卿墓还随葬有镇墓俑、石狮、辽瓷、影青瓷等。

总之，该区以单室墓为主，晚期流行双正室墓，灰陶明器为主要随葬品，佛教影响浓厚，不但使用火葬，壁画和墓志中还有与佛事有关的内容。此外，独特的黄道十二宫与二十八宿相配合的天象图，构成了本区特色。

第五节　大 同 区

大同是辽西京道的中心，初为大同军节度，重熙十三年（1044 年）升为西京。大同辽墓集中发现于郊区。均为汉式墓。中期资料缺无。

一、早期

早期仅发现大同军节度使许从赟墓,为景宗乾亨四年(982 年)下葬。该墓资料未正式发表,仅有简略报道。

圆形单室砖墓,直径 4.92 米。门为仿木构门楼。墓室周壁仿木结构雕砖发达,有六根立柱,上承斗栱,为五铺作。柱头铺作与补间铺作之间绘人字栱,柱头枋上隐刻小驼峰。北、西、东三面为假门,其中西门是门楼,北门两侧是直棂窗及衣架。墓室顶绘天象图,墓室周壁画有文臣武将、侍女,尤以妇女挑灯图最为优美。随葬品有精致铜器、彩绘陶器、灰陶器、铁器、木器和石器,共 20 余件。

二、晚期

晚期辽墓发现较多,都属于小型墓。

均为圆形砖室墓,未见多角形者。

墓室内的雕砖装饰衰落,壁画繁荣,已发现的墓室都满绘壁画。壁画的题材和布局较统一,有程式化倾向。墓室顶绘天象图,用蓝色表示天空,点缀红色星球,东侧以金鸡代表太阳,西侧以桂树和玉兔代表月亮。这种天象图与北区墓天象图近似,而与宣化天象图不同。新添堡 M29 在墓室顶的下部画云气壸门,壸门内分别画仰观、伏听、墓龙(双头人)、捧盘人等,较为特殊。墓室后壁是屏风图,屏风上画山石花鸟。大部分屏风图在屏风前绘出两位相向而立的侍者。左右壁面除个别墓只画宴饮散乐之外,基本都是把居家必备的家具、炊器、脸盆、衣服、骆驼、马、车、犬、猫、院门都画上,有的还插画侍者人物。大多数墓有拄杖老翁、持幡女子,或位于一壁,或两壁相对。墓门两侧只有门卫,未见门神。

新添堡 M29 北壁屏风之前画床①,是辽末出现的新变化,后为金元

---

① 原报告描述为栏杆,图中则标为走廊及栏杆,实际上是床,床三面有屏风。报告中的照片为床的一半。

继承。

晚期均为火葬墓，葬具有石棺和瓮棺两种。流行棺内放铜钱。十里铺 M27 和卧虎湾 M5、M6 使用瓷罐为棺，卧虎湾 M4 使用陶罐为棺，新添堡 M29 和卧虎湾 M1、M2、M3 则使用石棺。其中，新添堡 M29 石棺内放铜钱 36 枚，卧虎湾 M5 棺内放 22 枚，M6 则放 19 枚①，十里铺 M27 和卧虎湾 M4 瓮棺内各放 8 枚。卧虎湾 M4 发现木桌、木架，十里铺 M27 在棺前置三块朱绘莲纹砖代替供桌，上放碗、碟各 1 件和筷子 1 双，颇为特殊。

墓中遗物有少量的陶明器和瓷器。个别墓出净法界真言碑、买地券。

大同发现的这些小墓，墓室直径一般在 1.6 米以下，最小的仅 1.2 米，随葬品少，都反映了墓主人只是一般的平民、富户。但是这些墓中，髡发的契丹人在壁画中常见。从卧虎湾 M5 的买地券可知其年代在辽道宗大安九年（1093 年）。卧虎湾 M3 随葬的净法界真言碑为道宗寿昌二年（1096 年），石棺盖为天祚帝乾统七年（1107 年）所记，知此墓建筑在寿昌初，而在乾统七年（1107 年）时又再次祔葬。那么可以推测，辽代晚期大同地区有较多的契丹人沦为一般汉族富户的奴婢。

总之，大同区辽墓都是圆形单室墓，形制单一，随葬品简单。早期雕砖发达；晚期以壁画装饰为主，壁画趋于程式化，以北壁绘屏风侍者、左右壁绘家内什物为特色。

第六节　小　　结

辽墓五区，唯蒙冀辽区资料丰富，各期具备，其余各区均缺少早期资料，中期资料零散，晚期资料也不多，难以将各区域各时段作横向对比观察。但从有限的资料中，仍能看出五区各具特征，尤其是晚期特征明显。如辽东区流行画像石墓，涿鹿宣化区流行双正室墓，大同区壁画明显程式化等，这反映了辽国各区在文化上并没有统一。但各区之间也互有联系，京津

---

① 发现时该墓棺倒置，内有 17 枚铜钱，其中 2 枚铜钱落于棺床上。

唐区、涿鹿宣化区、大同区都是基本为砖室墓，多圆形单室，流行火葬，盛行灰陶明器，壁画以家内生活为主，可见南方三区联系较紧密。南方地区是后晋石敬瑭割燕云十六州而并入辽国版图的，都以汉族居民为主，有着共同的文化传统，所以南方三区文化面貌接近是符合历史实际的。

南方三区与蒙冀辽区和辽东区也存在着千丝万缕的联系：例如圆形砖室墓各区均见，仿木构雕砖、莲花藻井、四神、散乐图、火葬、鸡腿坛、灰陶器等各区也都有发现；鸡冠壶、辽三彩、面具、门神图见于蒙冀辽、辽东、京津唐区，驼车图见于大同、涿鹿宣化、辽东和蒙冀辽区等。这反映出各区之间不是封闭的，而是相互影响的。蒙冀辽区是契丹之本土，在其他区出现契丹文化因素则是受蒙冀辽区影响所致，但是汉文化因素在蒙冀辽区出现则需要具体分析。天赞二年（923 年）的宝山 M1 和年代与之相当的 M2 墓室结构、小帐、壁画、雕刻、诗词都表现出辽初契丹已吸收了相当多的汉文化因素，此时，"燕云十六州"尚未割让给辽，契丹人是从本地居住的汉人以及在辽初从各种渠道进入辽地的汉人中学习到先进的汉文化。燕云入辽之后，契丹与辽汉人接触的机会大大增加，吸收学习汉文化的条件更加优越。因此像晚期康营子墓出现北京在中期就已存在的屏风图，可能是从南方地区学得的。

第六章

结语

要科学地利用辽墓资料来研究辽史，首要的问题是判定大量的无纪年辽墓的年代。因而，过去对辽墓的综合研究中，这是一个重点。然而，由于作为研究出发点的有纪年的墓葬，多为石室或砖室的大、中型墓葬，这类墓又多经盗掘，随葬品不全，以前的研究者多侧重于从石室墓和砖室墓的形制演变来对辽墓进行分期断代。但墓葬形制的循时变化并不是很敏感，而且不同类型的墓葬实际上有年代上的平行关系，故难免造成断代上的粗疏、分歧，甚至臆断。同时还导致小型辽墓的分期标准相当模糊，断代意见出入甚大。

有鉴于此，本书力图把分期断代研究的重点放在对随葬品的全面分析上，并从中选取形制循时变化比较敏感而又较常见的日用易耗品作尽可能细致的类型学排比。其中，对出现频率很高、变化甚敏感的鸡冠壶的重新分析，首次将其分为各有来源的四个不同序列。对过去已有研究过的鸡腿坛、长颈壶、瓜棱罐、大口罐也作了新的型式划分。而且，对过去未引起学界注意的盘口穿带瓶、盏托、高足盏、带柄注壶、分叉提梁注壶、影青瓷碗、双鱼铜牌饰、马鞍前桥包饰、马镫、锦纹铜镜也作了类型学研究。并以十八类遗物的型式组合为主线，结合其他物征的变化，把辽墓分为三期7段。这在一定程度上使无纪年辽墓的年代判定有更多可参照的依据，并使大、中、小型辽墓的分期有更多的统一标准。从而，更多的辽墓可纳入一定的期段框架之中作历史性的考察。

当然，类型学方法对每一型所划分的式，只表示诸式出现的逻辑顺序。实际上，出现年代早的某式，完全可能沿用到相当晚的年代（这在盏托的分析中就有明显的实例）。加之目前发表的器物仍很有限，文中对某型、某式起讫年代的判断，不能不有程度不同的假设性。因此，对无纪年辽墓的断代，切忌根据某一类器物的型式或某一项其他物征，遽下断语，而应对全部特征作综合考虑。本书对每类器物型式所构拟的粗浅框架，亟待新资料的校验、修正。尤其是以随葬长颈壶、瓜棱罐、大口罐为主的小型辽墓，过去多被定为辽建国之前，本书从类型学出发进行了部分的年代改定，这三类器物的研究是今后需要注意的一个重点。

正确区分辽墓的族别,是利用辽墓资料研究辽代民族关系和文化结构的基础,过去已有不少研究者对这一问题提出各自的见解。但过去的研究均着眼于把辽墓分为"契丹人墓"和"汉人墓",若单就有墓志或题记的墓而言,这当然是可行的;但由于在有墓志的墓中已经发现了汉人墓和契丹人墓在考古学特征上非常相似的实例,对于无墓志的墓,单凭考古学特征显然无法断言其墓主的族属。

因此,本书着重讨论的是从纯考古学观点上区分"契丹式墓"和"汉式墓"。通过全面分析可以看出,有辽一代的墓葬中自始至终存在着两个不同文化传统的埋葬习俗:契丹式墓以尸骨葬、金属葬具、屋形葬具、木护墙、反映游牧打猎生活的壁画、箭镞、马具、辽陶瓷、骨刷、砺石、特殊的耳饰和串饰、殉牲为特色,汉式墓则以火葬、壁画内容不离宅院、灰陶明器为特色。结合墓志来看,契丹式墓中有汉人的墓,而汉式墓中未见契丹人的墓,可见,在埋葬习俗上,契丹人始终未被汉人同化,反而使汉人高层中的一部分人同化于契丹人。

从文化结构的观点来看,契丹式墓和汉式墓无疑可视为两个不同文化系统。为行文方便,前者姑称 A 系统,后者姑称 B 系统。A 系统显然是以契丹旧有文化为本体发展起来的:它在发展中一方面不断吸收汉文化的因素,并融入自身固有的特点(如吸收了墓室和壁画,但在墓室壁画的内容上形成不同于 B 系统的特征);另一方面还不断创造着自身的新因素(如金属葬具的逐渐流行)。这反映了该系统具有颇强的发展活力。B 系统作为原来发展程度较高的文化系统,却反映出某种惰性,在与 A 系统共存的情况下,对契丹文化因素基本上采取排斥态度,但它一方面少量吸收了 A 系统的成分,另一方面形成某些与 A 系统共同的而与南邻宋墓有别的特点。当然,A 系统对 B 系统也并非只有吸收而不具排斥性。一个明显的实例是墓志上使用的文字,开始是汉字,后来使用自创的契丹字和汉字对照的形式,最后则出现只用契丹字的墓志。因此,单就墓葬反映的情况而言,不能说契丹人在辽代逐渐被汉文化同化,或契丹文化和汉文化逐渐融合;也不能说在辽境内契丹文化和汉文化是各自孤立、绝对相斥的。应该说，A 系统和 B 系统是由对立统一的关系相互联系，而成为整个辽墓系统中的两个主要子系统。这对我们理解辽文化的总体结构，或能有某些启示。

还应强调的是，辽境除契丹人和汉人之外，还存在多个民族。本书仅在分析辽阳地区辽墓时提出区分出渤海人墓的某种可能性，而对其他诸族的墓葬均未作讨论。识别其他诸族的墓葬，研究它们与契丹式墓、汉式墓的关系，无疑是全面认识辽文化总体结构的一个重要途径。这有待田野考古新发现和资料的及时刊布，也期望有更多的研究者对这方面的问题加强关注。

辽墓的等级也是辽墓研究的一项基础工作，然而，过去这方面的研究相当薄弱。从相当片断的文献记载可以看出，辽代虽然"禁制疏阔"，但在埋葬制度上是有过一定的等级性规定的。因而充分利用墓葬的考古资料，理应能进一步厘清文献中语焉不详的具体等级规定，以及这方面制度的形成和遵守情况。然而，要进行这样的探索有两个客观上的困难：一、许多有墓志的辽墓，因盗掘而随葬品不全；二、辽代官制有特殊的复杂性，各种官职的品级高低，迄今仍是待探究的专门课题。所以，本书对辽墓所作的等级分析，只是把辽墓分成由考古特征可区别的类别，所谓"等"之间界线的选定，虽尽量参考墓志所反映的墓主身份、地位的差别，但难免带有主观色彩。书中出于对绝大多数辽墓均能按统一标准分类的考虑，选择墓的形制和主室的规模为分"等"的主线，这是否为辽代当时等级规定的核心方面，则有待继续探索。

用这种方法对辽墓分"等"与辽代规定的具体等级有一定差距，但是，仍然能从中窥视到辽墓实际等级制度的许多重要方面。

辽墓八等级中的前三等级可以分得较清楚，从中可以认识到皇帝、国王、王和郡王在墓葬级别上的具体差别，同时也证明了辽代确有埋葬等级制度存在。其下的墓葬在反映等级的各种参数上表现出一定的交织错综的复杂现象，所以，划分等级的级别数及具体标准在今后资料继续积累的基础上仍需要进一步探究。

第一、二、三、四等级墓规模宏大，构筑复杂。墓主的丧葬费用得到官府的支持，是辽朝的特权阶层，其人员构成主要是任高官的皇族与后族和与之通婚的汉族高官宠臣。第五、六、七等级墓是一般官员和富户之墓，数量最多。他们是辽朝的中间阶层，有参政为官、从军服役之权利，承担着较多的社会义务，大量的贫苦民众是依靠他们进行控制和管理。第八等级是社会底层的贫苦人之墓。墓室过于粗简，随葬品十分贫乏，公布的数量远比发现的少得多，这是今后发表资料时应该注意的。

从契丹式墓在构筑形制上表现的等级差异看，辽代契丹是仿效汉制建立起等级制度的，所以尽管辽墓存在两个子系统，但其墓葬等级规定则是统一的。辽墓自始至终等级制度执行得并不十分严格，到天祚帝时，考古资料中反映的越制现象明显增多，个别地区已遭破坏。

辽墓分区研究对于深刻把握辽墓各项文化因素的消长嬗变、各期特征的总结，以及对文化地理的研究等都具有重要意义。本书放弃了以往把辽墓划分为南、北两区的模式，根据考古资料所表现的文化面貌上的差异先把辽墓划分为北、南、辽东三大区。从各区墓葬类型分析，不难看出三大区的差别主要是各地居民民族的不同形成的。这证明了辽建国后实行因俗而治的统治政策，大部分汉人仍在适于农耕的关南从事传统的定居农业，大部分契丹人则继续在松漠草原上挥鞭驰骋，辽东独特的画像石墓也可能与当地的主要居民渤海人有关。南区又细分为京津唐、涿鹿宣化、大同三小区，这体现了定居农业社会的一般特点。上京、中京周围的墓葬资料最为丰富，体现了契丹腹心地区的特点。西部草原上的墓葬发现其少，已公布的契丹式墓与东部的契丹式墓看不出有何大的差别，所以暂归为一区。但是，西部的被确认为唐末五代的汉人墓则表现出较强的地方特色，所以，随着今后资料的积累，北区仍有细分两小区之可能。

各区辽墓资料发现极不平衡，南区和辽东区发现的资料较北区少得多，使得我们对各区面貌的认识仍是孔目之见。例如大同地区正式报道的只是圆形小砖室墓，壁画呈现出较强的一致性，但它们都属于辽晚期无官品汉族地主的墓葬。新近披露的早期大同军节度使许从赟之墓则是圆形大砖室墓，壁画也令人耳目一新。而从壁画上看到大同地区也有契丹人，他们的墓葬是什么样的面貌，现在我们一无所知。辽东区最具特色的画像石墓全部被盗空，其来源仍是重重迷雾。南区和辽东区早期、中期资料的严重缺乏，使得我们难以正确估计各区文化关系的历时变化。虽然从理论上可以认为燕云地区是北区接受汉文化的重要来源地，是宋文化北传松漠的跳板，但是目前仍不能得到考古资料的有力实证。北区资料最为丰富，从中可以看出契丹在辽初之时已大量接受了汉文化影响，自 2 段起燕云并入契丹，但汉化进展缓慢，而契丹国俗文化的调整变化却十分活跃，这不能不令人认为与太宗制定的因俗而治的统治政策有关。

　　以上着重从断代分期、族属类型、等级、区域性四个方面对纷杂的辽墓资料进行了较为系统的科学整理和剖析，以期使辽墓研究更加深入。近十几年来，辽墓研究成为辽代考古研究的热点，新资料也不断涌现。相信在师友同道的共同努力下，辽墓研究中的重要课题都会逐步取得新进展。

参考文献

一、辽墓资料

A

安辛庄墓

北京市文物研究所等：《北京顺义安辛庄辽墓发掘简报》，《文物》1992年第6期。

敖包恩格尔墓

内蒙古文物考古研究所：《巴林右旗敖包恩格尔辽墓》，《内蒙古文物考古文集》第一辑，中国大百科全书出版社，1994年。

B

巴图营子墓

冯永谦：《辽宁省建平、新民的三座辽墓》，《考古》1960年第2期。

巴彦琥绍墓

苗润华：《巴林右旗巴彦琥绍辽墓和元代遗址》，《内蒙古文物考古》1994年第1期。

巴扎拉嘎 M1

苏日泰：《科右中旗巴扎拉嘎辽墓》，《内蒙古文物考古》第2期，1982年。

白玉都墓

袁海波：《辽宁阜新县白玉都辽墓》，《考古》1985年第10期。

白脑包墓

张家口市地区文管所、康保县文管所：《河北康保县白脑包发现辽代石棺墓》,《文物春秋》1989 年第 4 期。

百万庄 M1

苏天钧:《北京西郊百万庄辽墓发掘简报》,《考古》1963 年第 3 期。

宝山 M1、M2

齐晓光:《内蒙古发掘宝山辽初壁画墓》,《中国文物报》1995 年 1 月 1 日。

北岭 M1—M4

武家昌:《喀左北岭辽墓》,《辽海文物学刊》创刊号,1986 年。

北三家 M1、M3

敖汉旗文物管理所:《内蒙古昭乌达盟敖汉旗北三家辽墓》,《考古》1984 年第 11 期。

C

菜园子墓

刘莉:《凌源近年出土的几件陶瓷器及其相关问题的探讨》,《辽海文物学刊》1994 年第 2 期。

查干坝 M11

董文义:《巴林右旗查干坝十一号辽墓》,《内蒙古文物考古》第 3 期,1984 年。

柴达木墓

齐晓光:《阿鲁科尔沁旗柴达木辽墓》,《内蒙古文物考古》第 4 期,1986 年。

长岗墓

崔福来等:《齐齐哈尔市梅里斯长岗辽墓清理简报》,《北方文物》1993 年第 1 期。

陈国公主墓

内蒙古自治区文物考古研究所等:《辽陈国公主墓》,文物出版社,1993 年。

陈庄墓

昌平县文物管理所:《北京昌平陈庄辽墓清理简报》,《文物》1993 年第 3 期。

D

大横沟 M1

敖汉旗文物管理所:《内蒙古敖汉旗沙子沟、大横沟辽墓》,《考古》1987 年第 10 期。

大林子墓

易青安:《辽阳市大林子村发现辽寿昌二年石棺》,《文物参考资料》1956 年第 3 期。

大窝铺墓

郑隆:《赤峰大窝铺发现一座辽墓》,《考古》1959 年第 1 期。

大卧铺 M1、M2

雁羽:《锦西大卧铺辽金时代画象石墓》,《考古》1960 年第 2 期。

大西沟 M1

辽宁省文物考古研究所:《辽宁建平县两处辽墓清理简报》,《北方文物》1991 年第 3 期。

道尔其格墓

丛艳双:《阿鲁科尔沁旗道尔其格发现一座辽墓》,《内蒙古文物考古》1992 年第 1、2 期合刊。

邓中举墓

项春松等:《内蒙古宁城辽邓中举墓》,《考古》1982 年第 3 期。

E

二八地 M1、M2

项春松:《克什克腾旗二八地一、二号辽墓》,《内蒙古文物考古》第 3 期,1984 年。

二林场墓

张柏忠:《内蒙古通辽县二林场辽墓》,《文物》1985 年第 3 期。

F

范仗子 M101

内蒙古自治区文物工作队:《敖汉旗范仗子辽墓》,《内蒙古文物考古》

第 3 期，1984 年。

凤凰顶墓

鸟居龙藏：《辽代画像石墓》（英文版），哈佛燕京学社，北京，1942 年。

驸马墓

前热河省博物馆筹备组：《赤峰县大营子辽墓发掘报告》，《考古学报》1956 年第 3 期。

G

嘎斯营子 M1—M4

内蒙古自治区文物工作队：《辽中京西城外的古墓葬》，《文物》1961 年第 9 期。

高力戈墓群

吉林省文物考古研究所：《吉林双辽县高力戈辽墓群》，《考古》1986 年第 2 期。

耿延毅墓

耿知新墓

朝阳地区博物馆：《辽宁朝阳姑营子辽耿氏墓发掘报告》，《考古学集刊》第 3 集，中国社会科学出版社，1983 年。

龚祥墓

尚晓波：《辽宁省朝阳市发现辽代龚祥墓》，《北方文物》1989 年第 4 期。

光明街墓

抚顺市博物馆：《抚顺市光明街辽墓发掘简报》，《辽海文物学刊》1987 年第 2 期。

广德公墓

项春松：《内蒙古翁牛特旗辽代广德公墓》，《北方文物》1989 年第 4 期。

龟山 M1

靳枫毅、徐基：《辽宁建昌龟山一号辽墓》，《文物》1985 年第 3 期。

郭家村墓

李逸友:《内蒙文化局派人调查突泉县辽金文化遗迹》,《文物参考资料》1955 年第 1 期。

H

海力板墓

李宇峰:《阜新海力板辽墓》,《辽海文物学刊》1991 年第 1 期。

海王村墓

北京市文物管理处:《近年来北京发现的几座辽墓》,《考古》1972 年第 3 期。

韩师训墓

张家口市宣化区文物保管所:《河北宣化下八里辽韩师训墓》,《文物》1992 年第 6 期。

韩相墓

河北省博物馆文物管理处:《河北迁安上芦村辽韩相墓》,《考古》1973 年第 5 期。

韩佚墓

北京市文物工作队:《辽韩佚墓发掘报告》,《考古学报》1984 年第 3 期。

豪欠营 M1—M10

乌盟文物工作站等:《契丹女尸》,内蒙古人民出版社,1985 年。

荷叶哈达墓

哲里木盟博物馆:《内蒙古哲里木盟发现的几座契丹墓》,《考古》1984 年第 2 期。

洪茂沟墓

苏天钧:《北京郊区辽墓发掘简报》,《考古》1959 年第 2 期。

后刘东屯 M1

康平县文化馆文物组:《辽宁康平县后刘东屯辽墓》,《考古》1986 年第 10 期。

后刘东屯 M2

铁岭市文物办公室等：《辽宁康平县后刘东屯二号辽墓》，《考古》1988
年第 9 期。

呼斯淖墓

张柏忠：《科左后旗呼斯淖契丹墓》，《文物》1983 年第 9 期。

囫囵村墓

河北省张家口地区文物保护管理所：《河北尚义囫囵村发现辽代石棺
墓》，《文物春秋》1990 年第 4 期。

虎吐路墓

巴林右旗博物馆：《内蒙古巴林右旗虎吐路辽墓》，《北方文物》1988 年
第 3 期。

怀陵

张松柏：《辽怀州怀陵调查记》，《内蒙古文物考古》第 3 期，1984 年。

J

尖山村墓

乌兰察布盟文物工作站：《内蒙兴和尖山辽墓发掘简报》，《北方文物》
1988 年第 4 期。

姜承义墓

张家口市文管所等：《河北宣化辽姜承义墓》，《北方文物》1991 年第
4 期。

解放营子墓

① 翁牛特旗文化馆等：《内蒙古解放营子辽墓发掘简报》，《考古》1979
年第 4 期。

② 项春松：《辽代壁画选》，上海人民美术出版社，1984 年。

锦什坊街墓

北京市文物管理处：《近年来北京发现的几座辽墓》，《考古》1972 年第
3 期。

酒厂墓

张家口地区博物馆：《河北涿鹿县辽代壁画墓发掘简报》，《考古》1987
年第 3 期。

K

康营子墓

① 项春松：《辽代壁画选》，上海人民美术出版社，1984 年。

② 项春松：《辽宁昭乌达地区发现的辽墓绘画资料》，《文物》1979 年第
6 期。

扣卜营子 M1、M2

辽宁朝阳地区文物组：《北票扣卜营子辽墓发掘简报》，《文物资料丛刊》
第二辑，文物出版社，1978 年。

L

李进墓

东北博物馆等：《辽李进墓发掘报告》，《文物参考资料》1951 年第
9 期。

李知顺墓

李逸友：《辽李知顺墓志铭跋》，《内蒙古文物考古》创刊号，1981 年。

冷冻厂墓

张家口市宣化区文保所：《张家口市宣化区发现一座五代墓葬》，《文物
春秋》1989 年第 3 期。

梁援墓

① 薛景平等：《义县四道岔子辽梁援墓》，《辽金契丹女真史研究动态》
1984 年第 2 期。

② 薛景平、冯永谦：《辽代梁援墓志考》，《北方文物》1986 年第 2 期。

③ 胡顺利：《辽代梁援墓志补说》，《北方文物》1988 年第 3 期。

刘宇杰墓

刘日泳墓

王成生：《辽宁朝阳市辽刘承嗣族墓》，《考古》1987 年第 2 期。

柳条沟 M1

冯永谦:《北票柳条沟辽墓》,《辽宁文物》1981 年第 1 期。

柳条湖墓（张宁墓）

王菊耳:《沈阳柳条湖辽代石棺墓》,《辽宁文物》1981 年第 1 期。

峦峰墓

鸟居龙藏:《辽代画像石墓》（英文版），哈佛燕京学社，北京，1942 年。

罗贤胡同墓

北京市文物管理处:《近年来北京发现的几座辽墓》,《考古》1972 年第 3 期。

骆驼岭墓

段一平:《吉林双辽骆驼岭辽墓清理简报》,《考古与文物》1983 年第 6 期。

M

马直温墓

张先得:《北京市大兴县辽代马直温夫妻合葬墓》,《文物》1980 年第 12 期。

木头营子 M1、M2

内蒙古文物工作队:《内蒙古哲里木盟奈林稿辽代壁画墓》,《考古学集刊》第 1 集，中国社会科学出版社，1981 年。

N

南林子墓

辽阳市文物管理所:《辽阳发现辽墓和金墓》,《文物》1977 年第 12 期。

南皂力营子 M1

辽宁省文物考古研究所等:《阜新南皂力营子一号辽墓》,《辽海文物学刊》1992 年第 1 期。

P

炮手营 M1

辽宁省文物考古研究所:《辽宁建平县两处辽墓清理简报》,《北方文物》1991 年第 3 期。

彭庄 M1—M7

苏天钧:《北京郊区辽墓发掘简报》,《考古》1959 年第 2 期。

平房村墓

喀左县博物馆:《辽宁喀左县出土辽代鸡冠壶》,《考古》1988 年第 9 期。

Q

前窗户墓

靳枫毅:《辽宁朝阳前窗户村辽墓》,《文物》1980 年第 12 期。

前海子村墓

富占军:《内蒙古商都县前海子村辽墓》,《北方文物》1990 年第 2 期。

前勿力布格 M1—M4

王健群、陈相伟:《库伦辽代壁画墓》,文物出版社,1989 年。

前勿力布格 M5、M6

哲里木盟博物馆等:《库伦旗第五、六号辽墓》,《内蒙古文物考古》第 2 期,1982 年。

前勿力布格 M7、M8

内蒙古文物考古研究所等:《内蒙古库伦旗七、八号辽墓》,《文物》1987 年第 7 期。

秦家沟墓

哲里木盟博物馆:《内蒙古哲里木盟发现的几座契丹墓》,《考古》1984 年第 2 期。

秦晋国大长公主墓

郑绍宗:《契丹秦晋国大长公主墓志铭》,《考古》1962 年第 8 期。

清河门 M1—M4

李文信:《义县清河门辽墓发掘报告》,《考古学报》第 8 册,1954 年。

S

三道壕墓

李庆发:《辽阳三道壕辽墓》,《辽宁文物》1981 年第 1 期。

沙家窑墓

云瑶等:《黑龙江省大庆市沙家窑发现的辽代墓葬》,《北方文物》1991年第 2 期。

沙子沟 M1

敖汉旗文物管理所:《内蒙古敖汉旗沙子沟、大横沟辽墓》,《考古》1987 年第 10 期。

山头村墓

内蒙古自治区文物工作队:《辽中京西城外的古墓葬》,《文物》1961 年第 9 期。

山嘴子 M1

昭乌达盟文物工作站等:《内蒙古山嘴子"故耶律氏"墓发掘报告》,刘凤翥、于宝林:《〈故耶律氏铭石〉跋尾》,均载《文物资料丛刊》第五辑,文物出版社,1981 年。

商家沟 M1

邓宝学等:《辽宁朝阳辽赵氏族墓》,《文物》1983 年第 9 期。

上芦村墓

唐山市文物管理所:《迁安上芦出土辽代瓷器》,《文物春秋》1990 年第 1 期。

上烧锅 M1—M5

项春松:《上烧锅辽墓群》,《内蒙古文物考古》第 2 期,1982 年。

尚暐墓

郑隆:《昭乌达盟辽尚暐墓清理简报》,《文物》1961 年第 9 期。

圣宗陵

① 鸟居龙藏:《考古学上所见之辽文化图谱》(日文),东方文化学院东京研究所,1936 年。

② 田村实造等:《庆陵》(日文),京都大学文学部、东京座右宝刊行会,1952—1953 年。

石板村墓

王玉芳：《岫岩新甸乡发现辽代壁画墓》，《辽海文物学刊》1994 年第 1 期。

十里铺墓

山西省文物管理委员会：《山西大同郊区五座辽壁画墓》，《考古》1960 年第 10 期。

石嘴子墓

山本守：《辽阳发现的辽代古墓壁画》，《满州史学》第 1 卷第 1 号，1937 年。

双井沟 MA、MB

中国科学院考古研究所内蒙古工作队：《内蒙古昭盟巴林左旗双井沟辽火葬墓》，《考古》1963 年第 10 期。

水泉沟墓

李逸友：《阿鲁科尔沁旗水泉沟的辽代壁画墓》，《文物参考资料》1958 年第 4 期。

水泉 M1

辽宁省博物馆文物队：《辽宁北票水泉一号辽墓发掘简报》，《文物》1977 年第 12 期。

四方城墓

岛田正郎：《辽墓》（日文），《考古学杂志》第 39 卷第 3 期，1954 年。

孙家湾墓

孙国平等：《辽宁朝阳孙家湾辽墓》，《文物》1992 年第 6 期。

孙允中墓

金毓黻：《辽金旧墓记》，《东北丛刊》1930 年第 7 期。

T

塔布敖包墓

齐晓光：《巴林右旗塔布敖包石砌墓及相关问题》，《内蒙古文物考古文集》第一辑，中国大百科全书出版社，1994 年。

谭庄 M1

张家口地区文管所等：《河北涿鹿谭庄辽臧知进墓》，《文物春秋》1990年第 3 期。

W

汪家峪墓

鞍山市文化局等：《辽宁鞍山市汪家峪辽代画象石墓》，《考古》1981 年第 3 期。

王悦墓

辽宁省博物馆文物工作队：《辽宁喀左县辽王悦墓》，《考古》1962 年第 9 期。

王泽墓

① 北京市文物管理处：《近年来北京发现的几座辽墓》，《考古》1972 年第 3 期。

② 墓志为陈述辑校《全辽文》收录。

温多尔敖瑞山墓

赤峰市博物馆考古队等：《赤峰市阿鲁科尔沁旗温多尔敖瑞山辽墓清理简报》，《文物》1993 年第 3 期。

温家屯 M1、M3

冯永谦、韩宝兴：《凌源温家屯发现的辽代契丹人墓葬》，《辽金契丹女真史研究动态》1984 年第 2 期。

温家屯 M2

韩宝兴：《凌源温家屯辽墓发掘简报》，《辽海文物学刊》1994 年第 1 期。

卧凤沟墓

李宇峰：《辽代鸡冠壶初步研究》，《辽海文物学刊》1989 年第 1 期。

卧虎湾 M1、M2

山西省文物管理委员会：《山西大同郊区五座辽壁画墓》，《考古》1960 年第 10 期。

卧虎湾 M3-–M6

大同市文物陈列馆：《山西大同卧虎湾四座辽代壁画墓》，《考古》1963
年第 8 期。

乌兰哈达墓

王建国等：《阿鲁科尔沁旗乌兰哈达辽墓》，《内蒙古文物考古》第 4 期，
1986 年。

乌斯吐墓

哲里木盟博物馆：《内蒙古哲里木盟发现的几座契丹墓》，《考古》1984
年第 2 期。

乌日根塔拉墓

哲里木盟博物馆：《内蒙古哲里木盟发现的几座契丹墓》，《考古》1984
年第 2 期。

X

西翠路墓

苏天钧：《北京郊区辽墓发掘简报》，《考古》1959 年第 2 期。

西甸子墓

傅惟光等：《黑龙江省龙江县合山乡的辽代石室墓》，《北方文物》1989
年第 4 期。

西山村墓

孟建仁等：《突泉县西山村辽墓》，《内蒙古文物考古文集》第一辑，中
国大百科全书出版社，1994 年。

西水地墓

于海燕：《赤峰市红山区西水地发现一座辽墓》，《内蒙古文物考古》
1992 年第 1、2 期合刊。

西椅子胡同墓

北京市文物管理处：《近年来北京发现的几座辽墓》，《考古》1972 年第
3 期。

西窑村墓

李庆发：《建平西窑村辽墓》，《辽海文物学刊》1991 年第 1 期。

下八里 M5、M6、M7、M9、M10

郑绍宗：《张家口清理辽壁画墓群》，《中国文物报》1993 年 8 月 8 日。

下花园墓

张家口文物管理所：《张家口市下花园发现一座辽代墓》，《文物春秋》
1990 年第 1 期。

萧德温墓

① 《阜新县车新村辽萧德温墓》，辽宁省博物馆编《辽宁史迹资料》，
1962 年。

② 墓志为陈述辑校《全辽文》收录。

萧袍鲁墓

冯永谦：《辽宁法库前山辽肖袍鲁墓》，《考古》1983 年第 7 期。

萧府君墓

内蒙古文物考古研究所等：《宁城县岳家仗子辽萧府君墓清理记》，《内
蒙古文物考古文集》第一辑，中国大百科全书出版社，1994 年。

萧仅墓

李宇峰等：《辽宁阜新辽萧仅墓》，《北方文物》1988 年第 2 期。

萧义墓

温丽和：《辽宁法库县叶茂台辽肖义墓》，《考古》1989 年第 4 期。

萧孝忠墓

① 雁羽：《锦西西孤山辽萧孝忠墓清理简报》，《考古》1960 年第 2 期。

② 墓志为陈述辑校《全辽文》收录。

小道虎沟墓

喀左县博物馆：《辽宁喀左县出土辽代鸡冠壶》，《考古》1988 年第
9 期。

小吉沟墓

张秀夫等：《河北平泉县小吉沟辽墓》，《文物》1982 年第 7 期。

小塘土沟 M1—M4

内蒙古文物考古研究所：《宁城县小塘土沟辽墓》，《内蒙古文物考古》1991 年第 1 期。

新地 M1

项春松：《内蒙古赤峰郊区新地辽墓》，《北方文物》1990 年第 4 期。

新添堡 M29

山西省文物管理委员会：《山西大同郊区五座辽壁画墓》，《考古》1960 年第 10 期。

兴隆沟墓

喀左县博物馆：《辽宁喀左县兴隆沟辽墓》，《考古》1988 年第 4 期。

许从赟墓

谢廷琦：《大同新添堡辽代许从赟壁画墓》，《大同文史资料》第 14 辑。

许王墓

阜新县文化局文物组：《辽宁阜新县辽许王墓清理简报》，《文物资料丛刊》第一辑，文物出版社，1977 年。

Y

耶律琮墓

李逸友：《辽耶律琮墓石刻及神道碑铭》，《东北考古与历史》第一辑，文物出版社，1982 年。

耶律仁先墓

冯永谦等：《发掘北票莲花山辽耶律仁先族墓的收获》，《辽金契丹女真史研究动态》1984 年第 1 期。

耶律延宁墓

辽宁省博物馆文物工作队：《辽代耶律延宁墓发掘简报》，《文物》1980 年第 7 期。

耶律羽之墓

齐晓光：《内蒙古发现契丹皇族耶律羽之墓》，《中国文物报》1993 年 1 月 31 日。

叶茂台 M7

辽宁省博物馆等:《法库叶茂台辽墓记略》,《文物》1975 年第 12 期。

叶茂台 M19

马洪路等:《法库叶茂台十九号辽墓发掘简报》,《辽宁文物》第 3 期,1982 年。

营房村墓

赵文刚:《天津市蓟县营房村辽墓》,《北方文物》1992 年第 3 期。

余粮堡墓

哲里木盟博物馆:《内蒙通辽县余粮堡辽墓》,《北方文物》1988 年第 1 期。

Z

张北墓

张家口地区文化局:《河北张北县清理一座辽代壁画墓》,《考古》1987 年第 1 期。

张恭诱墓

张家口市文物事业管理所等:《河北宣化下八里辽金壁画墓》,《文物》1990 年第 10 期。

张家营子墓

冯永谦:《辽宁省建平、新民的三座辽墓》,《考古》1960 年第 2 期。

张扛 M1—M4

刘谦:《辽宁锦州市张扛村辽墓发掘报告》,《考古》1984 年第 11 期。

张让墓

李宇峰:《辽宁朝阳县发现辽代张让墓志》,《考古》1984 年第 5 期。

张世本墓

张家口市文物事业管理所等:《河北宣化下八里辽金壁画墓》,《文物》1990 年第 10 期。

张世古墓

张家口市宣化区文物保管所:《河北宣化辽代壁画墓》,《文物》1995 年第 2 期。

张世卿墓

① 河北省文物管理处等：《河北宣化辽壁画墓发掘简报》，《文物》1975年第 8 期。

② 墓志为陈述辑校《全辽文》收录。

赵德钧墓

北京市文物工作队：《北京南郊辽赵德钧墓》，《考古》1962 年第 5 期。

赵匡禹墓

邓宝学等：《辽宁朝阳辽赵氏族墓》，《文物》1983 年第 9 期。

赵为干墓

邓宝学等：《辽宁朝阳辽赵氏族墓》，《文物》1983 年第 9 期。

砵碌科墓

冯永谦：《辽宁省建平、新民的三座辽墓》，《考古》1960 年第 2 期。

二、主要参考书目

脱脱等：《辽史》，中华书局，1974 年。

陈述：《全辽文》，中华书局，1982 年。

欧阳修：《新五代史》，中华书局，1974 年。

魏特夫、冯家昇：《中国社会史：辽（907—1125）》（Karl A. Wittfogel and Feng Chia-sheng, *History of Chinese Society: Liao（907‑1125）*, New York, 1949）。

张正明：《契丹史略》，中华书局，1979 年。

杨树森：《辽史简编》，辽宁人民出版社，1984 年。

陈述：《辽金史论集》第一——五辑，1987—1989 年。

王承礼：《辽金契丹女真史译文集》，吉林文史出版社，1990 年。

田村实造等：《庆陵》，京都大学文学部、东京座右宝刊行会，1952—1953 年。

内蒙古自治区文物考古研究所等：《辽陈国公主墓》，文物出版社，

1993 年。

内蒙古文物考古研究所：《内蒙古文物考古文集》第一辑，中国大百科全书出版社，1994 年。

内蒙古文物考古研究所：《内蒙古东部区考古学文化研究文集》，海洋出版社，1991 年。

三、参考期刊

《考古学报》

《考古》

《文物》

《北方文物》

《辽海文物学刊》

《内蒙古文物考古》

《文物资料丛刊》

《考古学集刊》

《文物春秋》

《考古与文物》

《辽金契丹女真史研究动态》（内部发行）

《大同文史资料》

《东北丛刊》

《满州史学》（内部发行、日文）

《考古学杂志》（日文）

后　记

　　《辽墓初探》是我在导师林沄先生指导下完成的博士论文,写作于1991—1995 年。我是吉林大学考古系培养的首届考古博士生,当时是在职读博,还承担了宋元考古的教学任务。我的科研方向由早段转到宋元考古,而辽墓考古资料丰富,林先生便指定我做辽墓方向的论文。翻阅辽墓资料时,精美壁画展现的场景吸引了我,初定论文题目为《辽墓壁画研究》,于1993 年完成。林先生将论文呈送北京大学宿白先生评审,宿先生否定了论文的框架,提出应该做辽墓的民族类型和分区分期研究,这才是基础。于是我的论文题目改为《辽墓初探》,这也为后来的教学和研究奠定了基础。

　　感谢宿白、姚孝遂、徐苹芳、方启东、孙秀仁、李逸友、魏存成诸先生参与了论文的评审和答辩!感谢导师林沄先生为了把我引到宋元考古的道路上所付出的艰苦努力!

　　在吉林大学考古学院计划出版系列学术著作的推动下,想起这本论文已尘封多年。时间飞逝,一晃二十八年过去,辽墓资料增加很多,学界研究也日益精进,遗憾的是我目前没有精力去修改补充、加以完善,只好完全保留向答辩委员会提交论文的原貌,留作那个时代吉大考古第一批博士论文的记忆。

　　论文写作于手写论文时代的末期。考古资料室和吉大图书馆没有的书,需要赴北京国家图书馆查资料,来自全国各地的科研人员充满大厅走廊的情形仍历历在目。《辽墓壁画研究》文稿是用考古系发的稿纸爬格子写就,插图是剪刀加糨糊完成。那时考古系还没有电脑,提交第一本论文是到立信街电脑打字社打印。由于博士培养经费极少，打字又很贵，打印一次 10 万字的论文就把所有经费花完了。第二本《辽墓初探》就拿到学校的印刷厂打印，成本低。那时吉大印刷厂还使用活字印刷术排版，拣字员用镊子夹铅字块，把一个又一个的字块排列在方框内，排满了就是一版。如今想起这些往事，恍如隔世。由于铅字块排列不整齐，印出的同一行字经常不在一条水平线上，五年后将文稿用扫描仪 OCR 转换成电子文档时，有的字或符号识别不了就变成了乱码。感谢我的硕士研究生侯璇和李鹏对文稿进行了仔细校对，重新复印、扫描图片，使其恢复原貌。感谢山西大学考古文博学院郝军军副教授和吉林大学考古学院博士研究生潘静、罗智文对校样进行了校对。感谢上海古籍出版社的宋佳编辑，为本书出版付出的辛勤汗水。

冯恩学